예순셋 뿌리의 강릉이야기

증 보 판

천년 솔향의 토박이 소리

저자 김 동 철

성원인쇄문화사

| 책을 펴면서 |

강릉을 알고 강릉을 사랑 합시다

살다보면 잊고 살거나 모르고 살 때도 있고, 나의 일이 아니면 관심 밖에 둘 때도 있습니다. 저 자신도 모든 것을 주워 담으며 살고 싶지만 부족한 점이 한두 가지가 아닌 것 같습니다. 이번에 저는 강릉 토박이로서 강릉의 이야기가 잘못 알려지거나 알려지지 않은 예순셋 편을 모아 강릉시민 모두가 강릉을 알고 강릉을 사랑하며 강릉을 알릴 수 있는 계기를 마련하고자 "천년 솔향의 토박이 소리"를 출간하게 되었습니다. 기회가 되신다면 누구나 고향에 대한 관심으로 강릉발전에 동참하였으면 합니다.

작은 생각들이 큰일을 하는 원동력이라 생각합니다.

내고향 강릉!

젊어서 대관령 고개를 넘나들 때 반젱이 쉼터에 잠시 들러 강릉을 내려다보며 긴 호흡을 하고나면 마음이 편해지는 것은

무엇 때문이었을까요?

추억이 있고 친구가 있고 어머니가 있기 때문일 것입니다.

누구나 고향이 있습니다.

하지만 필자는 강릉을 유독 사랑하고 아끼는 토박이로

추억이 깃든 강릉의 이야기가 훼손되거나 사라질까 안타까워

강릉이야기 예순셋 뿌리를 찾아 전하고자 합니다.

2021년 3월

김 동 철

발간을 축하드리며

강릉은 영동지역의 수구 도시로 천년에 빛나는 유구한 역사를 간직하고 있습니다. 그에 걸맞게 다양한 전통문화와 유적들이 자연환경과 어우러져 향유되고 있습니다.

이렇게 소중한 지역의 문화유산들을 많은 사람들이 기억하고 찾을 수 있도록, 계승 · 발전시키기 위해서는 문헌으로 기록해 놓는 것이 무엇보다 중요하겠습니다.

이번에 발간되는「천년 솔향의 토박이 소리」는 지역에 대한 애착을 강화하고, 시민들이 강릉의 전통문화에 대해 더욱더 관심을 갖는 좋은 기회가 될 것이라고 생각합니다.

지역에 살아가는 후세들이 지역의 역사와 유례 등에 대해 학습하고 찾아가는데 소홀함이 없도록, 우리 시의회에서도 더욱더 많은 관심과 노력을 기울여 가겠습니다.

「천년 솔향의 토박이 소리」발간을 진심으로 축하드리고, 강릉의 전통을 기억하고 유산으로 남기게 될 소중한 책이 되어 줄 것으로 기대해 마지않습니다.

발간을 위해 애써주신 김동철 작가님을 비롯하여 함께 애써주신 모든 분들의 노고에 감사드립니다.

정말 수고 많으셨습니다.

감사합니다.

강릉시의회 의장 **최 선 근**

| 축간사 |

강릉문화의 초석이 되시길

강릉에 대한 지극한 애정과 열정으로 써 내려간 김동철 선생님의 「천년 솔향의 토박이 소리」 발간을 진심으로 축하드립니다.

수 천년을 이어온 한민족의 역사 속에서 당당히 한 축을 이루고 있는 강릉은 영동지역의 수부도시로 많은 문화유산과 고유한 삶의 문화를 만들어 왔습니다.

강릉의 정체성은 이 땅에서 살아온 수많은 선조들의 삶과 생활방식을 계승하여 이 시대를 살아가는 강릉사람의 모습입니다.

강릉에서 태어나고 자라 강릉사람으로 올곧게 살아온 김동철 선생님이 심혈을 기울여 편찬한 이 책은 바로 강릉인의 삶이며, 역사 문화적 가치를 쉰일곱 편의 이야기로 풀어낸 강릉의 이야기 즉 강릉의 정체성을 담고 있는 책이라고 할 수 있습니다.

본 도서는 지난해 발간하신 「한민족의 얼 아리랑 그리고 사투리」를 통해 끈질기게 자료를 수집하고 정리하여 강릉을 새로운 시각으로 살펴본 사업에 이어시는 후속 작업이라는 생각이 듭니다.

아무쪼록 일평생 교육자의 길을 걸어오시고 이제 강릉의 멋과 가치를 찾아가는 작업을 펼치시는 김동철 선생님의 열정에 존경과 감사를 드립니다.

강릉문화원장 **최 돈 설**

축하의 말씀

온 생명들이 드넓은 대지에서 힘차게 생동하는 활기찬 절기를 맞고 있습니다.

바로, 이러한 때에 평생을 인재양성에 몸 바쳐 오신 김동철 전 교장선생님께서 소중한 향토적 사료가 될 만한 책자를 발간한다는 기쁜 소식을 전해 주셨습니다. 발간을 진심으로 축하드립니다.

선생님께서는 몇 년 전에 교직을 정년퇴임하신 이후 줄곧 우리 지역의 역사, 전통, 문화 등에 대해 관심의 끈을 놓지 않으시고, 올바른 역사와 전통, 풍습에 근거한 사실의 규명에 정성을 쏟아 오셨습니다. 그리고, 한평생 지켜온 고향을 사랑하는 마음, 그 애틋한 마음들을 한 권의 책에 담아 세상에 내 놓았습니다.

이처럼 새로이 조명되는 향토사적 사실들은 오랜 역사와 전통문화를 자랑하는"문화도시 강릉"의 위상을 한 단계 더 성숙시키고 발전시켜 나가는데 크게 기여하리라 확신합니다. 올바른 역사와 문화는 우리 모두가 함께 깊고, 넓게 가꾸어 가야 할 시대적 소명인 것입니다. 그것이 한 도시의 가치와 품격을 높이며 무한한 생명력을 지켜가는 위대한 도시로 만들어 갈 것입니다.

아무쪼록, 이러한 계기를 통해 강릉의 역사, 전통, 문화, 예술 등에 많은 관심과 참여가 자발적으로 일어나고, 나아가 올림픽도시 강릉이"세계속의 강릉"으로 새로이 발돋움하는 초석이 되기를 기대합니다.

감사합니다.

강릉과학산업진흥원장 **김 철 래**
(전 강릉시 부시장)

목차

1 토속적인 강릉의 마을이름

강릉의 마을이름이 특이하여 듣거나 보면 정감이 넘친다.

요즈음 사람들에게는 신기할 뿐이다.

특히 이두, 향찰을 연구하는 언어학자들에게 귀중한 자료들이라고 하여 필자는 수집 정리하여 전하기로 하였다.

松谷(송곡) : 솔골-솔올이라 한다.

寯方(준방) : 준벵이 (물이 모이는 곳)라고 한다.
제비리에서 내려오는 물과 성산 쪽에서 내려오는 물이 만나는 兩江沼(경월 소주 공장 터)가 있던 곳

京方(경방) : "정방"이라고 한다 (강릉에서 서울로 가는 첫 번째 고개) 도립의료원 앞 언덕 길(내곡교 입구 최 부잣집 인근 마을)

鶴峰(학봉) : 두로뫼-두루미라 한다.

廣汀(광정) : 광제ㅇ이, 남대천 다리 건너 넓은 둔치를 말함

船橋壯(선교장) : 배다리 집(배 위로 나무다리를 놓아 건너다니던 집, 줄을 잡고 배로 건너던 집이라고도 함)

茅谷(모곡) : 모새골이라 하며, 띠(모시) 풀이 많은 골짜기

河南(하남) : 하람(河濫)이라 한다. 沙川(사천)남쪽 안현동이며 - 河南(하남)을 河濫(하람)으로 부르고 있으며, 사천내(川)의 남쪽이라는 명칭임. 이곳에서 시집 온 집을 하람 집이라 불렀음)

建金(건금) : 겐금(강릉김씨가 모여서 이루어진 마을)이라 함.

흙베리 : 흙벼랑 (홍제동 교도소 입구에서 영동전문대 앞까지의 흙 벼랑)

우추리 : 위촌(渭村)김상적이 살았던 마을에서 유래 됨, 위촌리(우추리)라고 한다.

大正町 : 일제시대 일본인들이 모여 살면서 大正원년(1918)에 만든 마을 명칭, 현재 남문동이다. 당시 일본인들에 의해 마을명칭을 홍제정. 임당정. 용강정, 대정정 등 일본식으로 "정(町)"을 붙였음

見南 (보남이) : 보내미(남쪽을 보는 마을이라하여 붙여진 이름) (지금은 경포호 남쪽)-현 포남동

鯨岩(경암) : 고라ㅇ우, 고래바위에서 유래되었다고 함, 골 안마을(고랑마을)-고라ㅇ우

빗돌베기 : 비스듬히 박혀있는 큰 바위라는 의미 (홍제동 옛 공병대가 있던 곳)

곱장솔 : 굽은 큰 소나무가 있던 곳 (성산면 아랫 관음 입구)

盤石(반석) : 너래바우, 書出池(蓮花潭)을 안고 있는 넓은 멍석바

위, 연화봉 북쪽 남대천변에 있으며, 월화정과 시영 주택사이에 있는 너래바위를 말한다. 바위 앞은 깊은 소 연화담(蓮花潭)이 있다.

百復嶺(백복령) : 嶺 정상에 있는 마을이름이 "군대(軍垈)"이다. 예전에는 군인들이 백여 곳이나 매복 했던 군사 요충지라는 설도 있고, 흰복령(茯苓)이 많이 생산되는 곳이라는 설도 있다. 이곳은 한때 한양에서 옥계, 삼척으로 넘나들던 고개였다.

內月(내월) : 앤뙐이라고 하는데 이것은 안쪽에 있는 뙈기 땅 "앤뙐"을 향찰식 문자표기 즉 안달(內月)로 표기하고 있다. (강릉 사투리에 "月"을 향찰로 빌려 쓴 용례이다.)

板橋(판교) : 너다리라 하며, 板의 훈(뜻)이 "널(나무판자)"이고, 橋의 훈(뜻)은 "다리" 즉 나무다리 마을이다.

石橋(석교) : 돌다리 즉 石의 훈이 "돌"이고 橋의 훈이 "다리" 돌다리 마을이다.

長峴(장현) : 長의 훈이 길다(질다)"진"이고 峴의 훈이 "재(고개)" 진재이다.

斗山(두산) : 말산이며, 斗의 훈이 "말"이고, 山은 음 그대로 "산" 이라하였다.(학동 이라고도 한다.)

申石(신석) : 납돌이며, 申의 훈이 납申의 "납"이고, 石의 훈은 "돌"이다. 섬석(蟾石) 섬둘이 申石으로 바뀌었다.

蟾石(섬석) : 섬돌을 섬둘로 부르며 蟾(두꺼비 섬)의 음과 石의 훈

(돌)이 합쳐진 말, 이 마을이 섬둘이며, 납돌이라고 도 한다.

白橋(백교) : 白의 훈이 "흰"이고 僑의 훈이 "다리"이다. "흰다리"라고 한다.

甑峰(증봉) : 시루미라 하며, 甑의 훈이 "시루"이고 峰(山)의 훈이 "뫼(미)"이다. (떡시루처럼 생긴 산)

幼山(유산) : 어리미, 幼의 훈이 "어린"이고 山의 훈이(미)"다 (母山의 자녀 산이라는 의미)

柄山(병산) : 자리미, 柄의 훈이 "자루"이고 山의 훈이 "뫼(미)"이다. 자루 뫼이다. 斗(말)의 자루(손잡이)형국 즉 두산동(斗山)의 자루가 되는 마을이다.

葛山(갈산) : 갈뫼이며, "갈미"라고도 한다. 사기막에 있는 칡산

갈골(한과마을) : 칡이 많이 나는 산골 (사천 사기막 골짜기)

浦南(포남) : 보내미, 浦의 음이 "포(보)"이고 南의 음이 "남(나미)"이다. 호수의 남쪽을 보는 마을이었는데 경포호수의 남쪽마을(포남동)로 바뀌었다.

河南(하남) : 河濫(하람)으로 부르고 있으며, 사천 내(川)의 남쪽이라는 명칭임. 이곳에서 시집 온 집을 하람 집이라 불렀음)

船橋(선교) : 배다리이다, 船의 훈이 "배"이고 橋의 훈이 "다리"이다. 이곳에 "선교장"이 있다.

蟬淵(선연) : 매미소, 蟬의 훈이 "매미"이고 淵의 훈이 "소(못)"이

다.(맴쇠라고 한다.)

助山(조산) : 즈므이며, 助의 음이 "조(즈)"이고 山의 훈이 "뫼(므)이다. 마을이름이 "助山"이며, 助山이라는 山이 있다. 해가 저므는 마을이 아니라 서로도우며 살아가는 산촌마을이라고 한다.

林逸(임일) : 숲실이라 하며, 林의 훈이 "숲"이고 逸의 음이 "일"인데 강릉 사투리로 말할 때 "숲실"이라한다.

池邊(지변) : 모솔, 池의 훈이 "못"이고 邊의 음이 "변"인데 이곳을 池逸 "못골(모솔)"이라 한다.

竹逸(죽일) : 댓골이며, 竹의 훈이 "대"이고 逸의 훈이 "골" 이다.

楡川(유천) : 느릅내, 楡의 훈이"느릅나무, 느릅"이고 川의 훈이 "내" 이다.

蘭逸(난일) : 날밀이라 하며, 蘭의 음이 "난"이고 逸의 음이 "일"이다. 말할 때 난일이 강릉 사투리 날밀로 변형된 것임.

牛岩(우암) : 소돌, 牛의 훈이 "소"이고 岩의 훈이 "돌"이다.

望月(망우리) : 望月은 음을 그대로(망월이-망우리)로 쓰며, 달맞이를 뜻한다. 강릉에 몇 곳이 있다.

騎馬峰(기마봉) : 말탄봉, 騎馬의 훈이 "말을탄"이고 峰은 음을 그대로 쓰고 있다.

鼎峰(정봉) : 솥봉, 鼎의 훈이 "솥"이고 峰은 음을 그대로 쓰고 있다. ("증봉" 또는 "정봉" 이라고도 함)

栗峴(율현) : 밤재라고 한다. 栗의 훈과 峴의 훈이 "밤재"다.

梨木亭(이목정) : 배낭목젱이 梨의 훈이 "배낭그"이고 木亭은 음을 그대로 쓰고 있다.

內逸(내닐-內谷) : 한자의 음을 그대로 쓰고 있다. 이곳에는 "자주와리"라는 지명이 있는데 열심히 일하여 자립하겠다는 자세로 살아가는 사람들이 모여 사는 마을 즉 自主마을이며, "자주와리(自主日里)"라 하였다. 그러나 그 마을에 입강한 한양 조(趙)씨들이 "自趙日里" 趙씨들 마을이라고 하여 마을 사람들에게 빈축을 사고 있다.

雛山(새끼미) : 雛(추)의 훈이 "새끼(어린새끼)"이고 山의 훈이 "뫼(미)"이다. 毋山峰 아래로 뻗어내린 새끼산 그래서 "새끼미" 雛山(추산)이다.

長田谷(진밭골) : 長(길다), 田(밭), 谷(골짜기) 모두 "훈"으로 된 지명이다.(긴 밭이 있는 골짜기)

柳木亭(유목정) : 모두 "음"이다. "훈"으로는 "버들목젱이"이라고도 한다.

見潮峰(젠주봉) : 바다의 조류를 살피는 봉(견조봉)-"견주다"를 강릉사투리로 "존주다"라고 한다. 따라서 "견조봉"이-존주봉(젠주봉)으로 불리게 되었고 안목을 "젠주"라 한다. 그리고 행정구역명칭을 견소동이 아니라 견조동으로 고쳐 불러야한다.

員泣峴(원읍현) : 원울이재, "훈"으로 된 지명이며, 강릉에 부임해 오는 원님들이 올 때 너무 험해서 울고 갈 때는 정들어 운다는 대관령 오솔길 중간에 있는 재

月川(월천) : 달내, "훈"으로 된 지명이지만 이곳의 옛 지명은 "상알천, 하알천"으로 추측된다. ("알"을 향찰 "月"을 차용함)

池內逸(지내일) : 지낼(못안이굼)이라고도 함. "훈"으로 된 지명이며 "모안이 골" 즉 경포호의 안골이다.

望月峰(망우리 봉) : "망월이 봉" 이며 "음"으로 된 지명이다.

柳峴(유현) : 버들재, "훈"으로 된 지명

鳥幕(새막) : 새매기, "훈"으로 된 지명 ("幕"을 "매기(메기)"라함)

鷶幕(매막) : 매매기, "음"으로 된 지명 ("幕"을 "매기(메기)"라함)

金龍洞(금용동) : 짐용고을 "음"으로 된 지명(김치를 짐치, 강릉 방언으로 금을 짐이라함)

辛梨嶺(신이령) : 신배령 "배"가 "훈"으로 된 지명

王峴(왕현) : 왕고개, "왕"은 "음" "고개"는 "훈"으로 된 지명 (학산 장안리가 명주군왕의 성지를 王縣이라 부를 때 넘나들던 고개)

臨瀛峴(임영고개) : "이명고개"라고하며 (강릉을 임영이라 부를 때 오죽헌에서 임영으로 넘어오던 고개)

元通(원튕이) : "음"으로 된 지명 (원통사 절이 있던 곳)

瓦坪(와평) : 와 뜰, "뜰"이 훈이다 (학동 북녘 둔치)

下坪(하평) : 아래 뜰, "훈"으로 된 지명이다(사천 너다리 쪽)

玉街(옥거리) : "거리"가 훈으로 된 지명이다 (지금의 옥천동)

西池(서지) : 호수 서쪽마을 "음"으로 된 지명이다. (경포대 서쪽 마을)

梨谷(이곡) : 뱃골, "훈"으로 된 지명이다

堂祭峰(땅째봉) : 산 위에 堂을 지어 놓고 고을의 안녕을 기원하며 제례(堂祭)를 지내던 산

斗樓(말루) : 산 주령의 낙맥 끝자락에 솟아오른 곳 (강릉의 임당동을 말함)

井谷(정곡) : 샘골, "훈"으로 된 지명

瓦谷(와곡) : 와가매 골, "훈"으로 된 지명(기와 굽던 곳)

鴞谷(효곡) : 수리골 "훈"으로 된 지명, 부엉이가 많은 지금 강릉 세무서가 있는 곳

堂斗(당두) : 뒤를 "斗"자로 빌어씀, 명륜당 뒷 마을 (당두 집)

杏亭(행정) : 음으로 씀, 연곡에 있는 큰은행나무 정자마을

門岩井(문암정) : 음을 그대로 사용(신석에서 강릉으로 들어오는 진재 마루에 큰 바위가 문처럼 서 있던 곳 門岩亭이 아닌가 한다.)

구라미 : 큰 구람(굴밤,도토리)나무가 있던 곳

大基里 : "한터" 왕산면에 있는 큰터(大基) 마을

案盤덕 : 왕산면 산 정상에 안반처럼 넓적한 언덕 밭

花浮山(화부산) : 포남동 일대가 경포호수일 때 이곳은 봄이 되면 산에 벗 꽃이 활짝 펴서 호수 가운데 떠있는 꽃 산으로 이 산을 화부산이라 부르게 되었다.

鶴洞고래 : 학동(청학헌 동켠 골짜기)에 있는 "塘골"을 말하며, 한송호의 물이 塘골에 가득했다고 한다. (월대산 근처에 골짜기가 왜지고래와 학동고래 두 곳이 있는데 이 골짜기가 신라시대의 선곡소로 추측됨)

鶴우리 : 학동을 학우리(학둥지) 마을이라고 한다.

河瑟羅(하슬라) : 물이 아름답게 펼쳐진 곳 (강릉의 옛 지명)

臨瀛(임영) : 큰 바다를 품고있는 곳 (강릉의 옛 지명)

邱井(구정) : 어단리의 지형이 거북이 등 모양이며, 구정초교 자리가 거북이머리 형국으로 범일국사의 탄생 우물과 어우러져 이곳을 龜井이라 전해지고 있는데, 현재 "邱井"은 잘못된 기록으로 알고 있다.

沙月(사월) : 沙川(모래 내)을 "沙月"이라 하는데 향찰로 "사알"을 "沙月" 이라 표기 하였다고 본다. 이유는 앤뗄을 "內月(안달)"로 표기하고 있으며, 달내(月川) 또한 "알천(月川)"이라고 짐작하건데 이것은 순 우리말 알(아리)을 향찰로 月(월)이라 표기한 것이 아닌가한다. 영동지방에는 "알(川)"을 "月"로 표기한 지명이 여러 곳 남아 있다. 그 증거가 경주의 북천을 삼국유사에서 "알천"이라 기술하고 있다. 백두대간 동쪽 영동지방에는 "강"이 없고 "개울(거랑)"과 "내(알)" 즉 "알천"이 있다. 그리고 강릉에는 "사월집"이라는 택호가 많이 있다. 할머니가 사천(沙月)에서 시집을 온 집을 명명하고 있다. (沙川의 옛 지명은 沙月이었으며, 이것은 순우리말 지명 "사알(모래내)"을 향찰로 표기 할 때 "알"을 한자 "月"로 빌려 쓴 사례가 남아 있는 것이다. 따라서 "사알"을 "사월"로 불렀다고 보는 것이 정설이다. 이러한 지명으로 "상월천(상알), 하월천(하알)"이 그렇다. 물이 흘러가는 물길 명칭을 영동지방에서는 고랑- 도랑- 거랑(개울)-큰 거랑(큰 개울)- 알(알천 또는 내)이라 한다. 하지만 백두대간 서쪽으로 흐르는 내(川)는 "아리수(아리랑)"라 하지만 동쪽으로 흐르는 내(川)는 "알(아리)"이라고 한다. "강"(아리수)"이라 하지 않는다.

※ 전통을 지키고 보존하는 강릉지방의 택호를 살펴보면 오죽헌, 선교장, 애일당, 이설당, 임경당, 노암장, 청학헌, 진사댁, 학관댁, 별감댁, 감찰댁, 참봉댁, 조관댁, 찰방댁 등 관직명을 쓰거나 사월댁, 시둥댁, 서원((오봉서원)댁, 말루댁, 기장댁, 괘남댁, 하람댁, 왕산댁, 서지댁, 윗촌댁, 경방댁, 겡금댁, 행정댁, 모솔댁, 당두댁, 모산댁, 송림댁, 퇴일댁, 한밭댁, 유천댁, 박월댁, 돗골댁, 섬둘댁, 댓골댁, 망상댁, 옥골댁, 날밀댁, 앤뙐댁, 운산댁, 젠주댁 등 안주인의 친정마을 명칭을 쓰고 있다는 것이다.

사천천

2 천년의 문화유산 강릉 단오제

감꽃이 떨어지고 모심기가 끝나면 강릉 남대천 둔치에서 단오행사를 하였는데, 어린시절 단오장에는 각종의 장사꾼(동동구루무 장사, 엿장사, 약장사)들과 각설이, 야바위, 동춘 써꺼스단, 동물원, 농악놀이, 그네, 씨름 등 재미난 볼거리가 많았다.

하지만 단오의 핵심은 영신행차에 따른 길놀이와 굿놀이라 하겠다. 그런데 요즈음 단오행사는 먹거리(식당)와 난전(이불장사)이 주종을 이루고 있으며, 엿을 파는 품바 팀과 강릉 사투리대회가 그나마 단오의 흥취를 살리고 있다.그리고 영신행차와 굿당 운영은 예나 지금이나 별 차이가 없다.

그런데 먹거리(식당)가 너무 즐비하게 많아 먹거리 위주의 행사가 되고 있어 누구나 부담 없이 참여할 수 있는 볼거리와 즐길 거리가 소홀해졌다.

예를 들면 관노가면놀이를 하루 4회 공연한다던가. 단오기간 동안 놀음판이 아닌 재미난 야바위게임을 비롯하여 마술공연, 각설이와 동동구루무장사의 공간을 제공, 수시 공연할 수 있도록 하는 등 문화적 보존가치가 있는 볼거리를 늘여야한다고 생각한다.

그리고 강릉시민이 함께 참여 할 수 있는 "정크시장" 즉 누구나 어떤 물건이고 집에서 쓰지 않는 것을 가지고 나와 교환하거나 팔고 살 수 있는 넓은 공간을 제공하여 주면 어떨까? 라고 감히 제안해 본다. 즉 강릉시민 모두가 함께 어우러져 즐길 수 있는 공간이 필요하다고 생각한다.

단오는 천중절 즉 태양이 머리 위를 지나는 음력 오월 초닷새(단오)에 모심기를 끝내고 풍년을 기원하는 하늘에 올리는 제사로 제례와 함께 3일간 일꾼들이 가무와 각종 놀이를 하며 먹고 즐기는 놀이 즉 "질멕이" 행사이다.

민간중심으로 동리별로 3일간 즐기는데 특히 단오(초닷새)날엔 강릉 남대천 둔치에 영동지역 동네 이웃이 모두모여 놀이를 하며 즐긴다. 굿당에서는 지주들과 양반들이 하늘에 기원 굿(천제)을 올리고 평민들은 그네뛰기, 줄다리기, 씨름, 농악놀이 등으로 즐기며 먹고 놀았다. 언제 부터인가 국사(범일)를 굿당에 모시는 영신행차가 원형이 아닌 다채로운 기획행사로 발전된 것으로 알고 있다. 시민 모두가 참여할 수 있는 기회를 마련한 기획행사로 호평을 받고 있다. 강릉사람들은 두 분의 신(범일국사, 김유신장군)을 모시고 있다.

대관령 성황사엔 범일국사를, 대관령 산신당엔 김유신 장군을 모시고 고장의 안녕을 기원하고 있는 것이다.

그런데 단오 날 강릉에서는 대관령 성황신 범일국사를 굿당에 모시는데 굿당에 모시는 절차가 강릉단오제의 스토리며 특징이다.

범일국사의 성은 김씨이고 신라 문성왕 때 굴산사의 국사스님이

셨는데, 단오 때 主神이 되신 범일국사를 모시는 절차는 이렇다.

우선 음력 삼월 스므날에 단오에 헌수할 신주를 담그고, 음력사월 보름날에는 대관령 성황당에 모신 범일국사 신을 대관령 山神(김유신)께 고한 다음 국사신의 신목(단풍나무)을 모시고 대관령 국사 성황당을 출발–반정–제민원–원울이재–구산성황당을 거쳐 정씨 처녀 신위를 모셔놓은 여성황당에 합방하여서 음력 오월 초나흘 날까지 모셔진다.

그런데 요즈음은 학산(굴산사)을 거쳐서 여성황당으로 모신다.

성황당 중심의 길놀이 축제이고 보면 지나친 확대로 없던 것을 만들면 여러 가지 문제점이 발생될 수 있으므로 심사숙고해야 한다.

음력 오월 초나흘 날 여성황당에 모셔졌던 주신(범일국사)을 남대천굿당으로 모시는 영신행차는 경방(京方)댁 (성황목이 있는 강릉 최부자 집 대문 옆 회화나무) 마당에서 노제를 지낸 다음 거리 퍼레이드(영신행차)를 하면서 남대천 굿당으로 主神을 모신다.

이날부터 단오행사가 시작 된다. 굿당에는 主神인 범일국사와 여성황낭 神 그리고 山神인 김유신 장군 세분을 모신다고 한다.

단오 축제의 핵심은 主神을 굿당까지 모시는 길놀이 축제와 굿놀이 축제이다. 그런데 행사의 근본 틀은 잘 보존 될 수 있도록 노력해야 되겠다. 특히 영신 행차의 저녁 노제가 마치 최 부잣집(경방댁) 개인의 안녕을 기원하는 행사로 보여서는 안 될 것이며, 노제는 반드시 경방댁 성황목(경방댁 대문 옆에 있는 회화나무)에서 치러져야 되겠다.

이처럼 단오제의 성황신은 성황당을 축으로 국사성황당-구산성황당-굴산사 터-여성황당-강릉경방댁 성황목(최부자 집 대문 옆 회화나무)을 거쳐 굿당으로 모셔 진다.

그런데 단오제의 주신이 늘 학계에서 설왕설래 되고 있다.

또한 "대관령국사성황당"도 본시 "대관령성황당"이었다고 한다. 이유는 허균의 "성소복부고"의 기록 때문인데 언제 부턴가 주신이 김유신에서 범일국사로 바뀌었으나 그 기록이 없다. 그러나 잠시 생각해 보자. 단오의 굿을 담당하는 수리(首吏)가 어느 신을 모시고 굿을 하느냐가 문제의 해답일 것이다.

그렇다면 예전에 단오의 굿을 했던 수리(무당)를 살펴보자. 대관령 국사성황당 옆에는 예전에 단오굿을 하던 수리(큰 무당)가 거처하던 집이 한 채 있다. 지금까지 수리가 대를 이어 지키고 있다.

어릴 때 어머니와 가서 보았던 그 수리는 돌아가시고 아들이 지키고 있다. 그리고 단오 때 굿당에는 할머니들이 신목에 돈을 꽂아주며 무당의 이야기를 들으며 밤을 새웠다. 예나 지금이나 이유는 모르지만 굿당의 신목은 단풍나무다. 즉 수리들이 모시는 신목(산신나무)은 단풍나무였다.

그러니까 당연히 수리들은 자신이 모시는 산신(단풍나무)을 모시고 굿을 했을 것이다. 때문에 산신이 바로 대관령 산신당에 모셔진 김유신이고 신목은 단풍나무다.

그런데 강릉단오제는 1967년 국가로부터 중요무형문화재 제13호로 지정되면서 한국의 대표적인 전통축제로 인정받게 되었다.

그때부터 단오의 주신은 대관령 산신(김유신장군)이 아닌 성황당을 축으로 하는 성황신(범일국사)을 모시고 단오제를 지내게 된 것이 아니겠느냐 하는 추측을 하고 있다.

때문에 "대관령성황당"이 "대관령국사성황당"으로 바뀌고 수리들이 모시던 단풍나무(산신)가 범일국사 신으로 모셔져 단오제 영신행차는 대관령국사성황당에서 출발하여 성산성황당을 거쳐 강릉여성황당에서 음력 오월 초나흘 날 까지 모시다가 단오전날 경방 댁 마당 성황목 앞에서 노제를 지낸 후 출발하여 남대천 둔치에 있는 굿당으로 모셔지고 있다.

아무튼 어떻게 스토리텔링 되었는지는 모르지만 지금은 산신(김유신장군)이 아닌 성황신(범일국사)을 모시고 굿을 하고 있다.

그리고 설화에 의하면 최부자집 뒷켠 언덕에 정씨가 살았는데 정씨 딸을 호랑이가 물어가서 대관령 국사성황당에다 놓았다고 전한다. 이러한 연유로 정씨가 살았던 최부잣집 마당에서 영신행차 노제를 올리는 듯싶다. 강릉 단오제는 고을의 풍년과 안녕을 위해 천제를 올리는 행사다. 때눈에 단오제의 주신이 반드시 김유신 장군이라고 주장할 이유는 없다.

시대 상황에 따라 그 시대 사람들의 몫이기 때문에 왈가왈부 할 필요는 없다고 본다. 강릉단오의 천제에 모시는 신을 언젠가 산신(김유신장군)으로 하다가 이제는 성황신(국사성황신)을 모시고 천제를 올리고 있다.

이처럼 시대의 변화에 따라 변할 수 있지만 핵심적인 기록이나 설화는 잘 보존하면서 이끌어가야 되겠다.

단오제가 성황당을 축으로 하는 행사로 바뀌었다면, 이젠 최부잣 집 대문 옆에 있는 보호수(성황목: 회화나무 수령 250년)를 복원하여 잘 가꾸어야 한다. 성황목도 잘 보전하고 강릉 시민과 관광객들이 자유롭게 언제든지 개인의 안녕을 기원 할 수 있는 체험기회를 갖도록 허용해야겠다.

또한 강릉 대도호부 관아 뒤(북서쪽 강릉 KBS 자리)에 있던 강릉 대성황사도 복원하여 샤마니즘의 성황당 문화를 시민과 관광객이 항상 즐길 수 있는 기회를 만들어주고 단오제 보존회는 선조들이 지켜오던 기본 틀을 잘 살펴서 단오문화재를 보존해야 한다.

영신행차(유제원 제공)

회화나무(강릉 서낭목)

3 명주성이 자리한 장안 골

학산(王縣)에는 장안리가 있고 성산에는 장안성이 있다.

영동전문대학 입구에서 금산 쪽으로 조금만 가면 장-골이 있다. "장안골"이다.

장안골에 고향 친구가 셋이나 살고 있었다.

고등학교 다닐 때 자주 놀러 갔던 곳이며, 성터에는 고택 한 채와 우물이 있었는데 함달호(강릉 상고) 선생님께서 살고 있었다.

지금은 흔적도 없이 잡초만 무성하다.

장안성은 전쟁 성터로 성 북쪽으로 석성 흔적이 아직도 남아있다. 성에 올라 산등성을 타고 서북쪽으로 가면 소목고개(지금의 강릉휴게소)와 연결된다.

옛날 나무꾼들이 다니던 길목이다. 이 길로 계속가면 삼왕 보괭이(보광리) 절골 보현사가 있다. 장안골은 장-골이라 하였으며, 금산리와 홍제동의 경계에 있는 명주산성이라고 전해지고 있으며, 장-골 또는 장안골이라 부르는 이유는 중국 당나라의 수도 장안을 따서 부르게 되었다고 하며, 김주원의 둘째아들 김헌창이 왕권을 찾기 위해 국호를 장안이라 칭한 것 때문이라고도 한다. 그러나 그곳은 궁터로서 합당치 않다. 왜냐하면 협소하여 큰 집을 지을 터가 없고 먹을 물은 작은 우물 하나 밖에 없다. 그리고 성을 쌓았던 돌이 자연석(막돌)이며, 아무리 작은 왕궁이라도 집에 담을 치 듯 성을 쌓지는 않았을 것이다.

그렇다면 그곳은 명주왕궁을 지키는 북서쪽 산성(장안성 또는 명주성)으로 보는 것이 타당하다. 그리고 영동전문대학 골짜기를 성 아래 마을이라 하여 성하(성해)라고 한다. 그러면 명주군왕의 궁궐은 어디에 있었을까? 신라시대의 중심역할은 불교가 국교이던 시대이고 보면 절이 있었던 굴산사 터가 아닐까 한다. 미륵사지의 왕궁리 즉 백제의 궁궐터를 보더라도 그렇게 생각할 수 있다.

명주(강릉)에 가장 큰 절은 굴산사였다. 그리고 범일국사는 명주성의 치소를 복원하여 굴산사 절을 지었다고 구전되는바, 이곳을 명주군왕이 명주를 다스리던 궁궐터로 보아야 하며 이에 대한 조사 발굴을 다시 해야 할 것 같다. 부언하면 고려 초기 명주군의 대장군 김순식이 궁예를 맞이할 때 허월스님이 칠성산을 피력하였고, 구정초등학교 앞 언덕을 왕고개(王峴)라고 한 것은, 고개 넘어 학산 마을(王縣)을 장안리라 하였으며, 왕이 거처한 마을이기 때문에 붙여진 이름이라고 보아야 한다. 고려의 공양왕도 이곳을 넘어갔다고 전해지고 있지만 그로 인해서 왕고개라 부르게 된 것은 아닌 것 같다. 강릉의 속담에 "生居地 母鶴山 이요. 死居地 城山 야"라는 말이 전해지고 있다. 死居地 성산에 궁궐을 지을 리 없다. 증수 임영지에 굴산사는 명주군 관아(치소)를 복원하여 지었다고 기록하고 있다.

그렇다면 명주군왕의 관아가 있었던 곳은 王縣 즉 학산에 있는 당간지주 일대가 틀림없다고 추정한다.

금산리에 있는 장안 골은 궁궐터가 아니라 산성(명주성)이다.

이곳은 고택 한 채와 작은 우물 하나가 있던 곳이다.

앉을 자리를 보고 앉으라는 옛 노인들의 말씀이 귓전을 맴돈다.

장안골 전경

경포호

4 선연의 얼 맴쇠

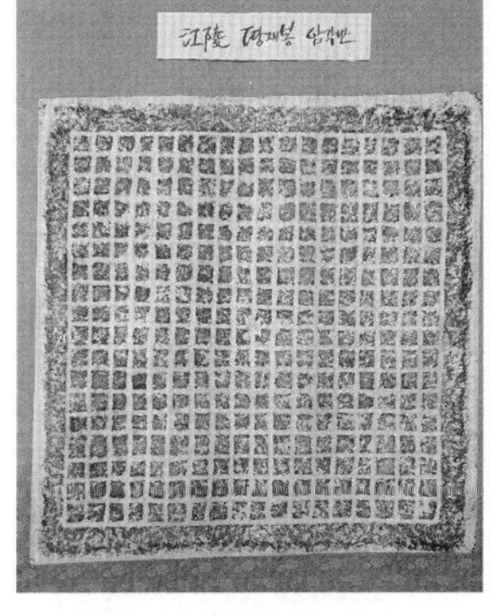

바둑바위바둑판 탁본

강릉 사투리로 맴쇠라고 하는 마을이 있는데 지금은 이곳이 개발되어 사임당로라고 부른다. 그 곳에 포강이 있는데 그것을 蟬淵(매미소)라 하며 그 동네를 맴쇠라 한다.

그 길은 신 사임당이 오죽헌에서 봉평을 드나들 때 다니던 길이다. 신사임당의 모습이 지금도 눈에 아른거리는 곳이다.

유천 택지일대가 고래실(골개실) 논일 때 포강(자연 저수지)이 두 개가 있었는데 위 포강을 上蟬淵이라 하고 아래 포강을 下蟬淵이라 하였다.

유천택지 일대가 한때는 선연파 종손집 땅이었다.

蟬淵 때문에 우리 집을 강릉김씨 蟬淵波 종손집이라 한다.

선연파 중시조가 강릉에 오던 날 꿈에 땅재봉으로 신선이 내려와 바둑을 두자고하여 갔었는데 산 아래 못(선연)이 있으니 이곳에 터를 잡고 농사를 지으며 인재 양성을 하라고 하여 허씨 (허학자)를 모셔다가 서당을 만들고 대를 이어 글을 가르치는데 전념하였다고 한다.

바위바둑판 현장(정국정님 제공)

땅재봉에는 碁岩(기암)이 있는데 바둑판이 그려져 전하고 있다.

강릉 옥천동에는 강릉최씨 문한계의 전설이 담긴 龍池(용지)가 있다. 그리고 수몰된 사기막 저수지에는 龍池가 아닌 龍淵이 있다.

이곳은 강릉 최씨 최필달계의 소파 龍淵洞波와 관련된 沼(못)이다.

즉 강릉 김씨는 蟬淵이 있고, 강릉 최씨는 龍池와 龍淵이 있다.

蟬淵은 강릉김씨 한림공 蟬淵波 종손집(필자의 고조부)가 자리 잡고 살던 터였으며, 蟬淵 앞쪽에는 국궁터와 과녘 판이 있어 집안 선조들이 틈틈이 무예를 닦던 흔적이 서려있던 곳이다.

종손고택은 최선강씨가 매입하여 후손들이 살다가 2017년 강릉 산불로 소실되었다.

蟬淵은 댓골과 유천에 있는 천수답의 수원 마련을 위해 만든 포강

(자연 저수지)이며, 이것은 강릉김씨 蟬淵波 후손들이 공부를 하여 많은 인재가 양성되기를 바라는 염원에서 포강의 이름을 蟬淵이라 하였다고 한다.

蟬淵의 訓은 사모(紗帽)에 달린 매미날개 익선(翼蟬)의 덕목이다.

첫째는 많이 공부하여 선정을 베풀라는 문(文)이요,

둘째는 이슬이나 나무진을 먹고 사니 맑음(淸)이요,

셋째는 다른 곤충과 달리 집 없이 산다 하여 검(儉)이요,

넷째는 때가 되면 허물을 벗고 때가 되면 죽는 절개의 신(信)이다.

때문에 蟬淵波는 조선시대에 많은 인재가 배출되었으며, 최근 김승래(강원도부지사), 김금래(여성부장관), 김월래의 子 김회선(국회의원,국정원2차장,법무부기획관리실장)등 선연의 염원은 계속 살아 숨 쉬고 있다. 선연파의 맏 장손은 6.25 때 강릉의 학도병(인천상륙작전 성공과 아군의 서울입성 선단지 배포 및 태극기 제작)을 총지휘하다가 북한군에 의해 하선연(아래포강)에서 총살된 삼학도 김동훈이다.

강릉 남산 삼학도 묘소에 안장되어있었다. 그런데 무슨 일인지 사라지고 없다.

개탄스러운 일이며 통일공원 추진 관계자들의 그릇된 생각과 2011년 당시 재임했던 시장의 부족한 역사관(국가관)으로 보아야겠다. 더구나 살아있는 홍순길의 가묘를 만들어 4학도 묘라고 만들어 놓은 그들의 행태에 놀라움을 금할 길 없다.

최봉순 시인님의 시 한수가 나를 슬프게 한다.

남산 벚나무

최 봉순

강릉사범학교, 초등교장, 황조근정훈장 수훈.

월간 문학세계 등단, 2010년 한국을 빛낸 문인 선정.

벚나무 꺽지마라
바람아 불지마라

봄이면 꽃다발로 벌 나비 벚꽃 잔치
여름엔
초록 양산으로
무더워도
막아 주네

갈바람 울긋불긋
흥겨운 단풍잔치
겨울엔 흰 이불로 포근히 잠재우는
당신은 남산 벚나무

삼학도의
어머니

우리는 순국선열을 잊어서는 안 된다.

선연 마을에서는 단오 때 모내기가 끝나면 매미 소에 물이 줄어들므로 일 년에 한번 씩 고기를 잡아 동네 일꾼들이 모여 천렵을 하였다.

북쪽에는 땅재봉 동쪽에는 된봉이 자리 잡고 동북쪽으로 느릅내

(楡川)가 흐르고 오죽헌과 경포호가 내려다보이는 곳이며 下蟬淵은 竹逸(댓골)이라하며 함씨의 집성촌이기도하다. 동계 올림픽으로 아파트가 숲을 이루고 있는 楡川 택지의 上蟬淵 맴쇠는 한때 강릉김씨 蟬淵波의 집성촌이었다. 아! 옛 선연의 모습이 그리워진다.

〈윗 선연〉

안목 견조봉(젠주봉)

젠주봉

견소동을 안목이라고도 하고 젠주라고도 한다.

어릴 때 젠주로 해목을 간다고 하였는데 걸어서 다녔다.

강릉도립의료원 앞에서 남대천 북쪽 뚝방(제방)을 따라 젠주까지 가서 해수욕을 하고 조개도 줍고 홍합(섭)도 따가지고 해질녘 저녁 노을을 보며 집으로 돌아오던 뚝방 길이 그립다.

옛날에는 남대천이 옥천동 아래쪽에서 포남동 늪지로 흘러들어가 초당을 거쳐 경포호로 흘러갔다고 한다. 물길을 일제강점기(1928년)에 뚝방을 쌓아 지금의 안목으로 흐르게 한 것이란다.

그 옛날 유유히 흐르는 남대천이 경포호와 함께 어우러진 모습은 얼마나 아름다웠을까? 자연의 파괴 앞에 무릎을 꿇고 탄식해본다.

그런데 설화에 의하면 젠주봉은 경남 진주에 있는 작은 섬 하나가 포락에 떠내려 와 이곳에 안착 하였는데 진주 목사가 매년 세를 받아 갔다고 한다.

그런데 해마다 세를 내던 강릉부사가 세를 낼 수 없으니 젠주봉을 도로 가져가라고 하여 세를 내지 않도록 하였다고 전해지고 있다.

터무니없는 설화이며, 아이러닉한 해프닝이다.

젠주봉은 어부들이 고기를 잡기 위해 조류의 흐름과 고기떼를 살피는 곳이라는 見潮峰이다. 견주어(존주어) 보는 봉우리라 하여 존주봉이라 하였다. 강릉 사투리로 자세히 살피거나 목표를 겨냥 할 때 존주어 본다라고 한다. 고무줄 총으로 새를 겨눌 때 강릉사람들은 똑바로 잘 존줘 가지고 쏘라고 한다.

따라서 견조봉을 강릉사투리로 존주봉(젠주봉)이라 한다.

즉 "존주"를 "젠주"로 "존주봉"은 "젠주봉"으로 불리게 되었다.

그런데 바다 물때를 살피는 "見潮"가 와전 되어 "견소"로 되었는지 알 수가 없지만 현재 견소동이라 부르고 있다. 견조동 이라고 명칭을 바꾸어야 옳다.

그리고 젠주봉을 죽도봉이라고 강릉시에서 안내하고 있다.

죽도봉은 강문의 씨마크 호텔이 있는 봉우리가 죽도봉이다.

대나무만 있으면 모두 죽도봉이 아니다. 호텔 재건축으로 아름다운 강문의 죽도봉은 안타깝게 망가지고 말았다.

죽도봉은 동해에 뜨는 둥근달(竹島明月)과 어우러져 우리에게 아름다운 경관을 늘 선사하고 있었다. 개발을 너무 조급히 서두르지 말고 지역사람들의 속 깊은 이야기를 들을 수 있어야한다. 초당동 일대의 개발계획은 강릉시에서 특별히 관리해야 하겠다. 草堂炊煙을 재현한다면 안동의 하회마을처럼 조상의 맥을 자랑스럽게 보존할 수 있을 것이다.

6 大正町(대정정)

어릴 때 어머니는 장보러 시장이 아닌 대정정에 간다고 하였다.

우리는 물건을 팔고 사는 시장거리가 대정정인 줄 알았다.

즉 강릉의 중앙통(중앙시장)이었던 것이다.

언젠가 大正町에서 태어나 홍제정으로 이사를 가서 살던 한 미국 교포가 고국 방문차 대정정을 찾았다. 호적등본에 있는 주소 대정정을 찾았지만 시청에서는 모른다고 하였다. 모를 수밖에 없다. 70년 전의 주소지 기록이었기 때문이다.

일제시대에 살았던 어르신들께서 이젠 돌아가시고 없기 때문이다. 불과 100년도 안 되는 이야기다. 그런데 모르고 있다. 기억하는 사람도 기록하는 사람도 없었기 때문이다.

나는 다행히 어른들께 들은 적이 있다.

우리나라가 1910년 한일합방이 되고 일본인들은 우리나라 각 지역에 와서 터를 잡고 살게 되었는데 강릉은 지금의 남문동과 명주동 금학동에 집단으로 모여 와서 살았다고 한다. 당시 도로가 길게 뻗어 있는 남문동에 특히 많이 살았다고 한다.

대정정(남문동)

1917년 면 통합으로 북 일리면, 북 이리면, 남 일리면 의 3개면이 합하여 강릉면으로 승격되었고 1912년 일본의 명치천황이 사망하고 대정천황의 시대가 열리면서 대정이라는 년호를 쓰게 된 1918년에 일본인들은 자기들이 모여 살고 있는 곳을 대정정이라 명하고 1931년 강릉읍으로 승격될 때 일본식 동네 명칭으로 홍제정, 용광정, 임당정, 대정정으로 "町"을 붙였다고 한다.

강릉이 시로 승격 될 때 호병계장으로 근무하신 분께 확실하게 들었다. 우리는 기록으로 남겨야한다. 그리고 전해오는 구전도 무시하지 말고 기록해 두어야한다. 구전을 무시하는 일부의 학자들이 문제다. 학자의 태도가 아니라고 생각한다.

삼국유사도 구전을 기록해 놓은 것이다. 그런데 박사가 기록하거나 문헌을 통한 학위 논문이라면 틀려도 인정하면서 입으로 전해지는 이야기 중에 당시 상황에 비추어 타당성이 있는 구전을 무시하고 있는 실정이다.

때문에 지역 향토사에 관심 있는 분들께서는 열의를 가지고 구전 자료를 찾아 기록함으로써 일부 학자들에 의해 잘못 기록되거나 알려진 향토사학을 바르게 전하는데 앞장서야 되겠다.

7 우리 힘으로 세운 교육의 전당

조선말 서당에서 근대교육으로 변천하는 과정에서 기록으로 남기지는 않았지만 전해지는 이야기들이 있다. 강릉초등학교는 고종황제의 "소학교령"에 따라 1895년(서울에 10개, 지방에 50개)에 개교하였는데, 그해 전국이 일제히 개교하지는 않은 것으로 전한다.

영동지방 최초의 소학교 강릉소학교는 일본이 아닌 우리 조선이 세운 최초 소학교(1896년 9월 17일개교)이다.

두 번째로 개교하였다는 주문초등학교는 지방 유지들이 세운학교로 당시 주문진 대동계원 들이 땅을 희사하고 돈을 모아 세운 보통학교이다. 한일합방 이후 1919년에 일본이 세운 소학교가 아니라 우리나라 마을사람 즉 백성들이 세운 소학교다. 더구나 초대 교장을 모시는 일화는 우리 선조들의 교육애를 후손들에게 물려줄 교훈적 가치가 있으며 선생님에 대한 존경심을 교육할 수 있는 좋은 사례이므로 기록으로 남기고자한다.

학교를 세운 대동계원들은 당시 초당에 머무르던 독립 운동가이신 여운형 선생님을 초대 교장선생님으로 모시기로 결정하였다.

그러나 몽양선생님은 쉽게 허락하지 않았다고 한다. 계원들은 몽양선생님을 모시기 위해 각고의 노력으로 허락을 받아 일제의 눈을 피해 한밤중 초당에서 주문진 까지 바닷길을 따라 횃불을 밝히고 가마로 모시고 갔다고 한다.

당시 상황과 여건으로 보아 우리 선조들은 어려운 일을 해낸 것이다. 때문에 주문초등학교의 초대교장은 일본인이 아닌 여운형 선생님이시다.

그리고 당시 선각자들에 의해 강릉에 세워진 학교로는 선교장 이내번의 증손 이근우님이 1908년에 동진학교를 세웠고, 전환자 여사님이 세운 삼락소학교(1946년 삼락공립 국민학교로 설립인가를 받아 개교후 1949년11월15일 명주국민학교로 개칭) 그리고 노암장 김윤기님은 동성고등공민학교를 세웠다. 후일 강릉의 사립학교로 영동여자고등공민학교, 명륜중학교, 강릉기술고등학교, 강일여자고등학교, 명륜고등학교, 문성고등학교가 차례로 개교하였으며, 관동대학교는 1955년 이종명 선생께서 관동의숙으로 설립인가를 받아 개교한 후 1959년 최준집 이사장께서 관동대학(4년제)으로 승격하고 초대학장으로 최병원선생(필자의 외숙부님)이 취임하였다.

이처럼 강릉의 사립학교는 육영사업에 관심 있는 지역유지들의 노력으로 이루어졌던 것이다.

특히 근대식 교육의 초석을 마련하고자 고종황제가 소학교령으로 세운 강릉소학교는 왜정 때(1906년) 그 명칭이 강릉보통학교였다가 1938년에 강릉소학교, 1941년에 강릉국민학교로 되었다가 1997년 우리정부가 강릉초등학교로 개칭하였다.

강릉초등학교

8 겐금의 유래

성산면 金山里를 겐금이라 한다.

겐금은 강릉 김씨들의 집성촌으로 김씨들이 모여 만든 마을이라 하여 "建金"이라 하였는데 강릉사투리로 건금을 겐금 또는 겡금이라 한다.

그런데 한때는 金山을 琴山이라 하였다고한다.

이유는 임경당 북동쪽에 위치한 산이 옥녀탄금형의 墓(산소)자리였는데 이곳에 평장최씨 시조(평장사를 지낸 최입지)의 묘를 쓰게 되었다. 때문에 고려시대 무신란으로 최씨들이 행세를 할 때 이곳을 그들의 墓 자리인 옥녀탄금형의 금(琴)을 따서 琴山이라 하였다가 조선 명종 때 강릉부사로 부임한 강릉 김씨 김첨겸이 다시 金山으로 고쳤다고 한다.

겐금 처럼 강릉에는 성씨 별 집성촌이 있다.

본시 강릉은 명주군왕이 경주에서 강릉으로 올 때 박씨, 최씨, 함씨, 곽씨가 함께 왔다고 전한다. 김, 박, 최, 함, 곽을 강릉 5성이라 한다.

회산에는 심씨가, 학산에는 정씨가, 송정과 초당에는 최씨가, 관읍리 안곡에는 권씨가, 경포 해운정엔 심씨가, 어리미에는 조씨가, 날밀에는 박씨가, 서지에는 조씨가, 성산에는 홍씨가, 제비리에는 강씨가, 안곡에는 권씨가, 사기막에는 허씨와 곽씨가, 죽일에는 함씨가, 느름내에는 안동김씨가, 위촌리에는 함씨가, 진재에는 최씨와 김씨가, 너다리엔 김씨가, 연곡에는 염씨와 홍씨가, 덕실에는 박씨가, 옥천동엔 옥가파 김씨가, 핸다리에 김씨가, 향호리에 정씨가, 인구 댓골에 정씨가, 옥계 주수에 평장최씨가, 옥계 산계에 우씨가, 옥계북동에 박씨가, 상시동에 평의공파 김씨가, 강동면 하시동 돗골엔 신씨가 장덕리에는 정씨와 최씨가, 노가니에 김씨가, 사천 사기막엔 곽씨와 허씨가 모여 살았다. 그 이유는 농경사회에서 살아가는 방법이라고 할까 집안끼리 서로 돕는 두레 즉 품앗이 때문에 씨족이 모여 서로 도우며 함께 어울려 지냈다고 볼 수 있다. 아직도 그 맥이 흐르고 있다.

금 산

9 금란정과 금란반월계

필자의 외 조카가 금란반월계의 총무 일을 맡고 있으며, 가까운 대소가 집안 세분이 금란계원이라서 반월계에 많은 관심을 가지고 있다.

금란계원은 대를 이어가는 것이 원칙이며, 대가 끊어지면 둘째가 이어가도록 되어있다. 금란정은 금란 반월계 후손들이 세운 정자이다.

금란이라는 이름은 두 친구가 힘을 합치면 金(쇠)을 자르고 향기는 난의 향기 같다는 시경에 말을 인용했다고 전하며, 반월은 최씨, 김씨, 박씨, 심씨, 전씨, 5개 성씨 16명(반월)이 만들어 금란반월계가 탄생 되었다고 한다. 良辰講好(양진강호) 즉 좋은 紅香(봄), 綠楊(여름), 黃菊(가을), 白雪(겨울)의 때를 가려서 매년 4회 만나서 덕담을 나누고 시조창을 하였다고한다.

강릉은 유독 계가 많아 셋만 모이면 계를 만든다고 한다.

그런데 금란 반월계는 알려진 바에 의하면 후손들이 대를 이어 500년이 지난 지금도 계모임을 하고 있으며, 지금은 전씨가 빠진 (김씨, 최씨, 박씨, 심씨) 4성이 모인다고 한다.

우리나라에서 가장 오랜 기간 지속적으로 이어져오는 문화 유산

금란정

적 가치가 있는 계모임이며, 금란계는 세조 12년 1466년 9월9일 강릉 김씨 애일당(김광철)의 조부 金臺가 김윤신(강릉 김씨 조선전기 세조 때의 문신)과 함께 스승이신 최응현(신사임당의 외조부 형조참판)을 모시고 계를 조직하여 향약보급에 진력하였다고 한다.

본시 금란정은 조선 말기 김형진이 경포호 북쪽 시루봉(해운정 뒤쪽) 아래에 매화를 심고 매화정을 지어서 활동을 하다가 1899년에 이곳으로 이건 하였다고 한다. 현재 금란정은 참소리 박물관 동쪽 켠에 경호정, 상영정과 함께 세 개의 정각들이 나란히 경포호수를 향하고 있으며, 이곳에 앉아 호수가운데에 있는 월파정을 바라보면 새들의 한가로운 모습이 자리하고 있어 그 아름다움은 경포호를 찾는 관광객들의 눈길을 끌고 있다.

10 즈므 마을

강릉에는 마을 이름이 재미난 것들이 있다.

앤뙐, 어리미, 자리미, 두루미, 하람, 너다리, 모솔, 느름내, 숲실, 우추리, 납돌, 날밀, 등 그 중 하나가 즈므이다.

조산바위

강릉에는 아직 향찰과 이두의 언어 습성이 남아있으며, 그들의 발음형식이 강릉 사투리에 남아있어 흥미를 끌고 있다.

즉 한자를 빌어(차용)쓰는 향찰,이두 문자는 소리와 비슷한 음을 가진 글자를 차용함으로 "훈"은 말의 의미와 관계없이 비슷하게 나는 소리를 빌어쓰기 때문에 그 의미는 물론 어정쩡한 발음으로 넘어가는 경우가 많아 본래의 말을 찾기 어렵다.

그 이유는 한자의 "훈"을 빌어 쓸 때 의미와 관계없이 비슷한 소리를 낼 수 있는 한자(글자)를 정해 놓고 쓰지 않고 비슷한 소리를 낼 수 있는 모든 한자를 자유롭게 빌어 쓰기 때문이다. 그리고 훈의 소리내기는 말과 비슷하게 맞추어 소리 내는 어정쩡한 발음으로 강릉사투리 구석구석에 스며있다.

천자문의 한자음을 그대로 쓸 때는 문제가 없으나 한자의 훈을 쓸 때는 비슷한 소리가 나는 한자를 자유롭게 빌어(차용) 쓰므로 지역마다 사람마다 각기 다르므로 의사소통에 문제가 따른다.

세종대왕도 얼마나 답답하고 힘들었으면 언어의 소리를 규정하는 훈민정음을 만들어 반포 하였을까?

훈민정음은 인간의 모든 음성(소리)을 기록 할 수 있는 대단한 소리글자이다.

세계최고의 과학적인 문자이다.

그렇다면 "즈므"를 살펴보자.

즈므는 마을의 명칭이기도 하지만 마을에는 助山이라는 산이 있다. 대부분 마을의 이름은 강이나 산의 명칭을 따서 쓰는 경우가 많다. 따라서 즈므는 助山이라는 산이 있어 마을이름을 조산(조므)이라 부르게 되었다고 하는데 또 다른 말에 의하면 산촌에서 이웃이 서로 도와가며 살아가라는 의미에서 선조들이 마을 이름을 助山(서로 도와가며 살아가는 산촌마을)이라 하였다고 즈므 마을 토박이 김혁남씨(대송길 30-12)가 증언하고 있다. 그리고 강릉의 지명유래를 쓴 저자(김기설)가 해가 저므는 곳이라서 즈므라고 했다는 것은 낭설이라고 하였다. 또한 즈므 마을의 선조들은 助山이라는 마을 이름을 후손들이 잊을까봐 바위에 새겨놓고 전하고 있다고 김혁남씨가 조산바위(대전동 대송길 80, 서낭다리 건너 편)를 알려주었다.

즈므라는 어원을 살펴보면 助山을 조뫼라고 하는데 강릉사투리에서는 뫼를 "미" 또는"므"로 소리 낸다. 따라서 조뫼가 조므로 조므가 즈므로 부르게 된 것이다.

이러한 예를 강릉지명에서 살펴보면, "幼山"을 어린 뫼라 하는데 어린 뫼가 어린미로 어린미가 어리미로 되었다. 柄山(자리미) 또한 자루뫼가 변하여 자리미가 되었다. 이러한 마을 이름들은 순우리말로 된 보존가치가 있는 예쁜 이름들이다.

조산마을

남대천 하류

11 강릉의 물길

명선문

강릉에는 바다로 나가는 물길 삼문이 있다.강문은 강릉의 젖줄인 남대천이 경포호를 거쳐 동해로 흘러나가는 제1문이다. 남대천은 현재 남항진과 강릉항 사이로 흐르지만 이 물길은 원래 월드컵 다리 아래쪽에서 포남동을 거쳐 강릉고등학교 앞과 뒤로 흘러 초당 마을을 지나 경포호로 흘러들어 갔다가 서서히 강문으로 빠져 나갔다. 특히 강릉고등학교 앞쪽으로 흐르는 물길은 강고 교문 앞을 지나 신봉승선생 집 앞을 지나 경포호수로 들어갔으며 본 초당과 안초당의 경계를 이룬다. 이 과정에서 만들어진 마을이 안 초당이며 호수(석호)는 경포호이다. 그런데 이 물길은 일본인들에 의해 도립의료원 앞에서 안복까지 제방을 쌓아 강문이 아닌 안목과 남항진 사이로 흐르게 하였다.(1928년 준공: 매일신보1936년8월 병자년 대홍수 피해상황에 기록) 이로 인하여 전답은 많이 생겼지만 西出, 北流, 東出하면 마을이 융숭하고 인물이 난다는 강릉의 남대천을 서쪽에서 바로 동쪽으로 물이 빠지게 함으로 경포호는 5분의1로 줄어들었다. 때문에 풍수지리학적으로 인재가 배출되지 않고 재물이 흩어진다고 하였다. 남대천의 제1문은 능경봉 그리고 어흘리 삼포암

물과 보광리 골물이 삽당령에서 내려오는 왕산 도마리 물과 대기리 안반데기에서 흐르는 왕성골물이 합쳐 강문으로 흐른다.

제2문은 강동면 언별리 단경골에서 발원하여 동북쪽으로 흘러 망덕봉 물과 합류하여 모전리를 지나 안인리 관마을 앞에서 임곡천과 합류하는 군선강을 따라 해령산 옆 명선문을 통해 바다로 나간다. 이곳이 신라시대 수군기지 였다고 하며, 경주에서 강릉으로 오는 뱃길이었다고 한다.

그리고 群仙江은 수군의 군항으로 軍船을 정박시켰던 강으로 軍船江이었다고 전하기도 한다. 또한 溟仙門도 溟船門이었을 가능성을 보이는 구전자료다.

제3문은 칠성산과 칠봉산물이 모산 박월리의 섬석천을 거쳐 풍호와 한성호(강릉비행장)에 합류하였다가 남항진 앞바다 동해로 흐른다. 모산 저수지와 칠성저수지로 인하여 물길이 막힌 한성호는 없어지고 그 자리에 강릉비행장이 생겼다. 그리고 풍호는 현재 메이플 비치(풍호 골프장)가 되었다. 제1문인 강문은 경포호에서 빠져나가는 물길이 길게 뻗어있어 강 하구가 항구였으며 한때 江門魚火는 경포8경의 하나였다. 삼척 정라진항과 같은 형태의 항구였으며, 이사부의 해상 전진기지였다고 한다. 지금이라도 강릉시는 제1문의 北流물길을 살리기 위해 운하를 파서라도 남대천의 물을 경포호로 유입시켜 죽어가는 경포호를 살리는 계획을 세워야 할 것이다. 이것이 강릉의 재산을 지키는 길이다.

12 서울로 가던 길

일락정(청심대)

강릉에서 서울로 다니던 선조들의 험난한 길을 따라 가보자.

강릉 대 성황당에서 성황신께 인사드리고 떠나면 서쪽 관문인 강릉서낭목(최부잣집 대문옆)을 지난다. 대부분 이곳 서낭신께 안녕을 빌고 갔다고 한다.

흙베리를 거쳐 겐금을 지나면 구산 서낭당이 나온다.

옛날 이곳 구산은 말과 당나귀를 빌려주고 관리해 주던 역촌이었다고 한다.

이곳을 지나 어흘리 아래쪽에서 대관령 박물관 뒷길로 들어서면 대관령 옛길 입구가 나온다. 한참을 오르다보면 원울이 재가 나오고 조금 더 가면 웃 제민인 주막디가 나온다. 여기서부터 경사진 곳을 한참 오르면 반젱이가 나오는데 여기서 강릉을 내려다보면 경포호수와 동해바다가 시원하게 펼쳐진 강릉의 경관은 경이롭기 그지없다.

반젱이 샘터 뒷길로 오르면 백두대간 능선 정상에 서낭당이 있다.

이 서낭당이 강릉단오제의 주신인 범일국사가 모셔진 대관령 국사서낭당이다.

여기서 서남쪽으로 작은 물길을 따라 내려가면 가시머리가 나온다. 이곳 가시머리에서 물길을 따라 용산으로 가려면 횡으로 가로 지른다. 가시머리에서 용산으로 가로 지르는 곳이라 하여 횡계라 한다.

다시 용산에서 서쪽으로 고개를 넘으면 호랑이가 울었다는 호명이 나오고 개울을 건너면 거문리(마평)에 청심대(일락정)가 있다. 강릉에서 아침에 떠나 이곳에 오면 해가 서산에 떨어진다고 하여 日落亭이라 하였다. 이곳은 나그네도 쉬고 당나귀도 쉬어가는 역촌 馬坪 마을이다.

"나그네 설움"이라는 노래가사가 생각난다.

"오늘도 걷는다마는 정처 없는 이 발길......."

멀고도 먼 서울 가는 길을 단숨에 갈수는 없고 이곳에서 하룻밤을 쉬고 다음날 또다시 산길을 오르면 모리재가 나온다. 모리재를 넘으면 신리 대화가 나오고 대화 안미를 거쳐 방림으로 방림에서 계촌으로 향한다. 방림이나 계촌에서 2박하고 문재를 넘는다. 문재를 넘으면 안흥이고 안흥에서 3박하고 전재를 넘으면 새마을 횡성이다. 횡성에서 4박하고 양평으로 양평에서 5박하고 강을 따라 가면 망우리재가 나온다. 망우리재 아래서 6박하고 서울로 향한다.

강릉에서 서울까지 걸어서 6박 7일 걸렸다는 것이다. 망우리재는 강원도 영동지방 사람들이 서울로 들어가던 관문이었다. 강릉에서 서울로 가는 길은 인생길과도 같은 길고도 험한 길이였던 것 같다.

13 난설헌의 생가와 외갓집

초당마을은 안 초당과 초당(본동)으로 되어있으며, 초당 본동은 보래미에서 동쪽으로 뻗어져 내린 산자락에 형성된 마을이며 안 초당은 경포호(석호)가 만들어 질 때 형성된 지형이며 호수와 강(남대천)으로 둘러쌓인 마을이다.

허난설헌의 아버지 허엽의 집은 초당 마을 지금 강릉한전 건물 뒤쪽 경포고등학교 동쪽 켠 담장과 붙어있는 산자락 중턱에 허엽의 집터 표지석이 70년대 초 까지도 있었다.(정태환: 전 강릉예총회장의 증언) 이곳은 초당과 강문이 훤히 내려다보이는 전망 좋은 집터였으나 지금은 아파트와 송림이 우거져있다.

나는 강릉에 살면서 직접 보고 들은 이야기를 전하고자한다.

지금의 난설헌 생가 터는 蓮花浮水形으로 강릉의 팔명당 터였다. 모두들 부러워했던 터이며 일제시대 때부터 그 집의 택호는 댓골집으로 양양 인구 댓골에서 이사 온 정만철씨(100년 전에 증. 개축 하였다고 함) 가옥으로 널리 알려져 있으며, 그 이전엔 강릉김씨 부전공파 임경당 지손(김영래씨 선조)들이 대를 이어 살았다고 한다.

(정만철씨의 손자 정태환 회장의 증언) 1970년 후반 댓골집의 가세가 기울어 이광로 교수가 구입하여 강릉시에 기증(6억)의 뜻을 밝혔다가 난설헌 선양회가 이 고택을 생가 터로 스토리텔링을 하여 비싼 값(30억)에 팔았다고 한다.(강릉시에 의하면 6억씩 5년간 상환하였음) 그렇다면 사실을 그대로 밝히고 이곳에 기념관을 만들게 된 취지를 밝혀 두어야한다.

그리고 허엽(초당)의 집터와 허균. 난설헌의 외갓집인 애일당 집터를 밝히고 이들의 관계를 설명하면 이것이 곧 허균 남매들의 생활 근거지가 어딘지 알 수 있을 것이다. 또한 안 초당은 경포호수가 주변을 감싸고 있어 연화부수형(연꽃이 물위에 떠있는 형국)의 터이며, 그 터 가운데 명당 터가 댓골 정씨가 살던 댓골집(지금의 허균, 허난설헌 기념관)이다. 허난설헌 생가 터는 아니다.

허엽의 집터와 외갓집 애일당을 허난설헌의 생가 터라고 보아야한다.

1950년대 이전에 태어난 초당사람들은 허엽의 집터가 어디인지 알고 있다.

허엽의 집터는 허난설헌 남매가 잠시라도 살았던 곳이다.

태어난 곳이 외갓집이라도 허엽의 집을 생가 터로 보아야한다.

그리고 이들 남매들은 유년시절을 사천 애일당 외가에서 자랐다고 보아야한다. 왜냐하면 허엽이 관직생활을 하는 동안 어머니와 외갓집 동네인 사천을 중심으로 그들의 삶의 흔적이 묻어나고 있기 때문이다.

허균 · 난설헌 기념관

그리고 허난설헌의 어머니는 사천의 애일당의 딸이다.

애일당은 딸이 둘 있었는데 정부인 안성이씨 슬하에 1녀를 두었고 후배 청주양씨에게서 1녀를 두었다. 안성이씨의 딸은 심언광의 아들 심운과 혼인하고, 청주양씨의 딸은 허엽의 재취자리로 혼인을 하여 허봉(1551~1588)과 허초희(1563~1589), 허균(1569~1618)을 낳았다.

허엽(1517~1580)은 청주한씨와 결혼하여 두 딸과 아들 허성(1548~1612)을 낳았다. 큰 딸은 밀양박씨 순원(朴舜元)과 결혼했고, 작은 딸은 단양우씨 성전(禹性傳, 1542~1607)과 결혼했다.

청주한씨가 일찍 세상을 떠나는 바람에 재혼을 하였는데, 허엽은 20살이나 어린 강릉김씨 애일당 김광철의 둘째딸(애일당의 후배 청주양씨의 딸)과 다시 결혼한 것이다. 재혼의 아픔이다.

이곳을 찾는 이들에게 잘못된 정보를 제공하면 안된다.

따라서 허엽(초당)의 집터를 찾아 진정한 허난설헌 생가를 복원해야 한다.

그리고 초당이란 마을 명칭은 이곳뿐만 아니라 청주, 나주, 강진 울산 등 몇 곳에 있다. 따라서 허엽의 호는 초당마을의 이름을 딴것이지 허엽의 호 때문에 마을 이름이 초당이 된 것은 아니다.

그리고 초당두부는 허엽이 바닷물로 콩물을 응고시켜 두부를 만드는 법을 전했다고 한다. 따라서 초당두부는 강릉초당의 닉네임이며 특산물이다.

허균 또한 이곳이 고향이며, 홍길동전을 썼다.

전남 장성군이 소설속의 홍길동을 스토리텔링하여 관광사업을 하느라 홍길동탄생지로 특허출원하여 놓고 강릉에서는 사용하지도 못하게 한다.

역사의 해프닝이다. 강릉시는 허균의 삶이 살아있는 사근진 해변을 관광특구로 지정하고 홍길동 공원을 하루속히 조성해야한다. 남의 정신으로 살아가는 것이 아니라 주인정신으로 살아가야한다.

교문암

14 너래바위와 서출지

서출지는 강릉시 노암동에 위치한 시영주택 동쪽 켠에 있으며, 연화봉 뒷등을 타고 내려오면서 넓은 바위가 시영주택 아래 자력수목욕탕까지 펼쳐진다. 지금은 한 마을이 큰 너래 바위에 집을 짓고 살고 있다.

무월랑은 해질녘 노을이 짙게 물들 때 잉어에 밥을 던져주던 연화아씨에게 마음을 뺏길 수밖에 없었던 진풍경을 보는 듯 한곳이다.

서출지는 너래바위 앞에 있던 남대천 沼를 말한다. 강릉김씨 시조 김주원공의 아버지 무월랑과 연화낭자의 사랑이야기가 묻어나는 沼(못)가 있는 곳으로 잠수교 다리 아래쪽 금모래아파트 언덕아래이며, 연화봉 북쪽 산기슭에 넓은 바위가 沼를 향해 넓게 펼쳐진 곳으로 바위가 큰 마당처럼 펼쳐져 있어 너래 바위라고 하는데 택지조성으로 대부분 훼손 되었다.

연화아씨와 무월랑과의 사랑이야기는 강릉김씨라면 대부분 알고 있다.

신라 중엽 강원도 명주(강릉) 남대천 남쪽 연화봉 밑에 서출지라는 沼가 있고, 연화봉 남쪽 산자락에 연화라는 예쁜 아가씨가 살고 있어 날마다 못가에 나와 고기밥을 던져 주었다. 이렇게 몇 해를 지내자 고기떼들은 연화의 발걸음 소리만 나도 물 위로 떠올라 모여 들었다. 어느 봄날 하루는 연화가 못가에 나와 있으려니까 웬 서생이 자기를 보면서 못가를 서성이고 있었다. 그러던 어느날 그 서생이 한 장의 편지를 떨어뜨리고 가므로 이상히 여겨 주워보니 그것은 자기에게 사랑을 고백한 내용이었다. 서생의 이름은 무월랑이었다.

다음날 답장을 보내기를 "부모가 계시기 때문에 여자로서는 아무렇게나 경거망동할 수 없는 것이니 부디 당신이 저를 사랑하신다면 글공부에 힘써 입신양명을 하시어 그때 저의 부모의 승낙을 받으면 당신의 아내가 되겠습니다."라는 내용이었다.

그 말에 감동된 무월랑은 서울(경주)로 가 열심히 학문에 전념하였는데 연화의 나이가 과년하므로 혼처를 정하고 오래지 않아 날을 받아 성례를 시키려 했다. 그를 안 연화는 편지를 써가지고 못가에 나와 탄식하며 고기에게 “너희들은 오랫동안 내 손에 밥을 먹고 자라 왔으니, 서울로 간 뒤 소식 없는 낭군에게 내 간절한 사정을 전해다오.”라고 하면서 그 편지를 물 위에 던졌다고 한다.

그러자 그 중에 가장 큰 잉어가 편지를 물고 물속으로 들어가 버렸다고 한다.

한편 서울(경주)의 무월랑은 과거급제 하여 어머니에게 드리려고 큰 물고기 한 마리를 사가지고 와 배를 가르니 이상스럽게도 그 속에 편지 한 장이 있으므로 펼쳐보니 그 편지는 분명 연화가 자기에게 보낸 급한 사연이었다.

이를 보고 무월랑은 자기 부모에게 자세한 이야기를 하고 그 길로 명주로 말을 달려 연화의 부모님께 그들의 진실한 사랑 관계를 말씀드리니 그 부모가 이르기를 "지극한 정성이야말로 하늘까지 뜻이 통할만한 일이다."라고 하면서 무월랑을 사위로 삼았다고 한다.

이 작품은 溟州(지금의 江陵)에서 공부하던 서생(書生)과 양가의 규수 사이에 이루어진 사랑을 읊은 “명주가”이다.

처녀가 연못에 던진 편지를 잉어가 물고 갔는데, 서울에서 과거에 급제한 서생이 부모에게 드리려고 사온 물고기 뱃속에서 발견되어 마침내 가연을 맺는다는 내용의 실제 주인공 무월랑은 족보에 명시된 대로 신라 때 시중벼슬까지 지냈고 사후에 왕으로까지 추존된 사람으로 그 시대와 인물이 밝혀졌고 강릉 남대천에는 당시 너래바위와 서출지까지 보존되어 있으며, 그곳에는 무월랑의 '월(月)'자와 연화의 '화(花)'를 딴 '월화정'이 있어 이 설화가 사실임을 입증해 주고 있다.

이 설화는 신라 가요의 하나로 원가는 전하지 않고 작품명과 전승 설화가 고려사악지, 증보문헌비고 '권106 악고 17 속악부, 와 '강릉김씨 대동보''강릉김씨파보' 등에 전한다.

'강릉김씨파보'나 '강릉김씨 대동보'의 설화내용으로 판단해 볼 때 설화의 주인공은 신라 진평왕 때 사람 김무월랑이 확실하다.

사료를 찾아보면 문헌에 따라 제작연대와 작자가 다르게 나타난다. ≪고려사≫에 의하면, 작자는 설화의 주인공으로 등장하는 서생(書生)이며, 시대는 고구려조에 수록되어 있다는 점에서 고구려 가요라고 보았다.

이와 달리 ≪증보문헌비고≫에서는, 명주(溟州)는 고구려시대의 지명이 아니고 신라 때 개칭한 지명이므로 신라의 가요로 볼 수 있다고 하였다.

또 설화의 내용에 나오는 과거제도가 고구려에는 없었기 때문에 고려악이 아닌가도 의심하고 있지만 작자는 설화의 주인공으로 등장하는 서생이다.

그러나 ≪강릉김씨파보≫나 ≪강릉김씨세계≫의 설화내용으로 판단해볼 때 작자는 설화의 주인공인 신라 진평왕 때 사람 김무월랑(金無月郎 : 惟靖公의 別號로 爲靖 · 惟正 · 惟端이라고도 하며, 강릉김씨의 시조인 金周元의 아버지)이 되며, 이에 따라 작품의 시대도 신라가 된다.

≪고려사≫의 기록에 "드디어 이 노래를 불렀다(遂歌此曲)."는 기록을 믿는다면 노래를 지은이도 무월랑이라는 말이 성립된다.

참고문헌 : 高麗史, 增補文獻備考, 江陵金氏派譜, 江陵金氏世系,

서출지(연화담)

15 오죽헌은 누구의 당호인가?

강릉에 살고는 있지만 오죽헌과 사임당의 관계 그리고 몽룡실과 율곡선생의 관계를 설명 할 수 있을 만큼 아는 것이 없다.

오죽헌하면 율곡선생의 당호로 모두들 알고 있지만 그렇지 않다.

오죽헌은 보물 제165호이며 조선시대 문신인 최치운(1390-1440)이 지었으며 차남 최응현(형조참판)이 물려받아 사위 이사온에게 물려주었다. 이사온은 이것을 사위 신명화에게 물려주었고 신명화는 딸만 다섯이 있었는데 첫째는 장인우, 둘째는 이원수(신사임당), 셋째는 홍호(좌찬성), 넷째는 권화, 다섯째는 이주남 에게로 시집갔는데 넷째 권화의 아들 권처균의 호가 "오죽헌" 이었다. 집주위에 오죽이 많아서 지은 권처균의 호이며, 당호이기도하다. 즉 오죽헌은 넷째 사위 권화가 장인 신명화에게서 물려받고 권화는 아들 권처균에게 물려주어 붙여진 당호가 지금까지 내려오고 있는 것이다.

그런데 둘째딸 신사임당이 친정어머니를 모시고 이곳 오죽헌에서 살았으며, 몽룡실에서 율곡 선생님의 태몽을 꾸었다고 전해 내려오고 있다. 신사임당(신인선)은 이곳에서 아들 이이를 낳아 훌륭히 키웠고 친정어머니를 극진히 모시는 효녀로 서화를 즐기는 예술가로

몽룡실

서 현모양처의 표본이 되었다. 몽룡실은 1452년(문종 2)에 등제하여 대사헌까지 지낸 최응현(崔應賢)의 고택에 딸린 별당으로 1536년(중종 31) 이이가 태어난 유서 깊은 곳이다. 그리고 師任堂은 율곡선생의 어머니(신인선)의 號이다.

그후 오죽헌은 권처균의 후손들이 대대로 물려받아 유지관리 하였으며 율곡선생을 기리는 정조대왕의 하사품 벼루는 작고한 강릉대 권용만교수(권처균의 후손)가 보관 중이던 것을 박물관에 기증하였다. 오천원권에 벼루의 문향이 새겨져있고, 오만원권에는 신사임당의 초상이 들어가 있다.

강릉의 인물 모자가 오천원권과 오만원권에 모셔진 것은 정말 자랑스런 일이며, 전무후무한 일이다. 이처럼 좋은 인푸라를 가지고 있는 강릉시는 하루속히 세계적인 화폐박물관을 만들고 화폐를 이용한 관광상품도 개발하여 강릉시민의 수익사업장을 마련해야 할 것이다.

16 해운정과 심언광

필자의 막내 고모부가 어촌심언광 가계의 심박사집 종손이고 고모는 종부이다.

고모부 집에는 심언광의 많은 유품을 보관하고 있었으며, 보관 관리가 어려워 숙명여자대학교 박물관에 기증을 하고 고모부(심교영)는 박물관장을 하셨다.

경포호수를 갈 때면 늘 해운정에 들리곤 했다.

경포호 서북쪽, 선교장 가는 길에 위치한 해운정은 강릉에서 오죽헌 다음으로 오래된 조선의 건축물이다. 조선 중종 25년(1530년)에 강원도 관찰사이던 어촌 심언광(1487~1540)이 지은 것으로 전한다. 상류층 가옥의 별당형식 정자로 단아한 자태가 돋보인다.

지난 1963년에 보물 제183호로 지정되었으며, 지금은 심언광의 후손인 심씨 문중이 소유해 관리하고 있다.

건물은 3단으로 쌓은 축대 위에 남향으로 올라앉았다. 건물이 제법 높이 자리 잡았으나 2단짜리 화계(花階 · 계단식 화단)가 앞쪽으로 조성돼 가파른 느낌을 상쇄하는 동시에 계절의 변화를 맨 먼저 보여준다. 건물 정면 현판으로 걸린 우암 송시열의 '해운정' 글씨가

이 집의 품격과 역사를 상징한다. 집 안에는 산수헌 권진응의 기록문, 율곡 이이가 적은 시문 등 유명한 사람들의 글이 걸려 있다. 건물은 앞면 3칸, 옆면 2칸으로 안쪽의 오른쪽 2칸은 대청이며 왼쪽 1칸은 온돌방이다. 지붕은 옆면이 여덟 팔(八)자를 이루는 팔작지붕으로 꾸며 우아하다. 대청 앞면에 문들은 모두 열어 천장에 얹어 걸으면 밖을 볼 수 있게 돼 있으며 건물 주위로 툇마루가 둘러 있어 어디든 앉아서 풍광을 즐길 수 있다. 단청을 하지 않아 집이 소박해 보이지만 대공보머리 등에는 당초문이 그려져 있고 구석구석 세련된 조각장식이 더해져 있다. 호수 물이 마당 앞까지 그득 할 때 해운정의 모습은 어떠하였을까?

어촌 심언광은 삼척심씨의 시조 심동로의 후손이며 묘소는 해운정과 선교장 사이 뒤쪽 난곡동 시루봉 자락에 부인 박씨와 함께 자리하고 있다.

햇볕 따스한 봄날 어촌의 묘에 올라 해운정 쪽을 바라보니 "산천은 의구하되 인걸은 간데없다." 라는 싯귀가 떠오르며 감회가 새롭다.

17 한송호와 한송사

한송호는 모산 저수지가 축조되기 전의 사람들은 지금도 기억하고 있다. 모산 저수지로 인하여 진재최씨 집성촌이 수몰되고 한송호가 사라졌다고 한다.

한송호는 칠성저수지와 모산 저수지로 인하여 호수에 물이 말라 현재 강릉 비행장이 자리 잡고 있다. 그리고 한송사는 송림이 울창한 남항진 쪽에서 한송호를 바라보고 있었다고 한다. 신라시대 때는 이곳 한송호 일대에서 화랑들이 수련을 했다고 전해지고 있으며, 일연의 삼국유사에는 이곳에 화랑비가 있었다고 기록하고 있다.

그 옛날 넓게 펼쳐진 한송호가 그리워진다.

전해오는 이야기에 의하면 한송사는 강릉지역에 어느 때인지 확실하지는 않지만 (1415년4월5일과 1681년5월11일) 엄청난 미데기(쓰나미)가 휩쓸었을 때 사라졌다고 한다. 寒松暮鍾은 경포8경의 하나였다. 국립 춘천박물관에 소장된 국보 124호 한송사지 석조 보살좌상은 원래 강릉시 한송사 절터에 있던 보살상으로 1912년 일본으로 옮겨졌다가, 1965년 조인된 '한일협정'에 따라 되돌려 받았다. 잘

려진 머리 부분을 붙일 때의 흔적과, 이마 부분의 백호(白毫)가 떨어져 나간 손상이 남아 있을 뿐 거의 완전한 형태를 갖추고 있다.

"머리에는 매우 높은 원통형의 보관(寶冠)을 쓰고 있으며, 상투 모양의 머리(육계)가 관 위로 높이 솟아 있다. 볼이 통통한 네모난 얼굴에는 눈이 가느다랗게 새겨져 있고, 입가에는 엷은 미소가 번져 있다. 목에는 굵은 3줄의 삼도(三道)가 그어져 있으며, 3줄의 목걸이가 가슴까지 내려와 있다. 양 어깨에 걸쳐 입은 옷에는 부드럽고 자연스러운 옷주름이 새겨져 있다. 검지 손가락을 편 오른손은 연꽃가지를 잡고 가슴까지 들어 올렸으며, 왼손 역시 검지 손가락을 편 채 무릎 위에 올려놓았다. 발은 오른쪽 다리를 안으로 하고 왼쪽 다리를 밖으로 하고 있어서 같은 곳에서 발견된 강릉 한송사지 석조 보살좌상(보물 제81호)과 반대이다 한국 석불상의 재료가 거의 화강암인데 비하여 이 보살상은 흰 대리석으로 만든 점이 특이하다. 조각 수법과 아울러 재료에서 오는 질감이 좀 더 우아하고 온화한 기품을 느끼게 해준다. 약간 오른쪽으로 향한 듯한 얼굴과 몸은 풍요로우며, 조각수법 또한 원숙하고 정교하다. 원통형의 보관이나 풍만한 얼굴, 입가의 미소 등은 강릉 신복사지 석조 보살좌상(보물 제84호)과 평창 월정사 석조 보살좌상(보물 제139호)에서도 공통적으로 보이는 특징인데, 이들보다 한층 더 세련된 솜씨를 보여주고 있으며 만든 시기는 고려 초인 10세기로 추정된다."(출처: 문화재청)

한송호와 섬석천

18 임경당과 호송설

임경당은 당호이며, 성산면 금산리에 대관령을 향해 자리하고 있다.

임경당의 종부되시는 분은 필자의 백모님과 자매간이다.

고등학교 시절 친구가 있어 자주 금산으로 놀러갔었다.

금산은 신라 말에 강릉김씨가 모여 살면서 이루어진 마을이라 하여 建金(겐금)이라 부른다. 그러나 고려의 최씨 무신 집권기 충렬왕 때 문신으로 문하시랑 평장사를 거쳐 강릉 부원군으로 강릉에 내려온 강릉최씨 평장공파의 시조가 된 최입지의 묘가 임경당 뒤쪽에 있는 산(옥녀가 거문고를 타는 형상)에 있어거문고 금(琴)을 따서 한때 금산(琴山)으로 부르다가 조선 명종 때 강릉부사 김첨겸에 의해 다시 金山으로 고쳐 현재에 이르고 있다.

김광헌의 호는 정봉으로 솥처럼 보인다고 해서 鼎峰이다.

이 호는 친구인 함헌 선생이 지어 주었다고 하며 함헌 선생은 오봉서원의 건립자이다.

임경당(臨鏡堂)은 김광헌의 장자 김열(金說) 선생의 아호(雅號)에서 유래하였다고 한다. 김열(金說)선생은 이율곡과 동시대 인물로, 학

임경당

문과 덕행이 뛰어났으며, 해운정의 심언광 선생과 교류하였고, 임경당 주변에 널리 소나무를 심어 애호하였다하여 율곡이 '호송설(護松說)'을 지어 주었다.

이 건물은 1500년대의 고가옥으로, 평면은 정면 3칸, 측면 2칸이며, 전면에 퇴청이 있고, 기둥은 약간의 배흘림기둥으로, 1칸 후퇴하여 우측 1칸은 온돌방으로, 좌측 2칸은 대청으로 구성되었다. 전면 좌 · 우문에는 아자난간(亞字欄干)을 둘렀으며, 정면 1칸은 뒤로 후퇴하여 모두 툇마루를 놓았다. 대청마루에는 2칸 모두 사분합 빗살문을 달고 온돌방의 출입문은 낮은 쌍 분합 빗살문과 그 위에 아자형(亞字形)의 교창(交窓)을 달았다. 우측 벽에는 방의 출입문으로 쌍미닫이 장지문과 쌍 분합 띠살문을 달아 겹문으로 구성되어 있다. 대청에는 서까래를 그대로 노출한 연등천장이고, 바닥은 우물바닥(넓은 널을 짧게 끼워놓은 마루)이다. 온돌방은 대청과 방 사이에 사분합문을 두어 큰 공간을 만들 수 있게 되어 있고, 실내 환기 및 통풍을 위하여 전면 벽체에는 개폐 가능한 환기창을 두고 있으며 천장은 고미반자로 되어 있다.

퇴청에는 난간이 있고, 퇴랑은 원호로 아름답게 만들었으며 천장은 연등천장이다. 팔작지붕 양식의 건축물이다. 별당의 측면에 'ㅁ' 자 배치의 본채가 있고, 뒤로는 제월루와 사당이 있다.

현재의 건물은 1825년 증수한 것으로 몇 차례의 보수공사가 있었다.

조선시대 별당건축의 전형적인 건축물로 단정한 모습을 하고 있으며, 건물안에는 율곡의 호송설과 송어시(松魚詩) 등의 현판이 걸려있다.

월화정

19 연화낭자가 살았던 곳

허균의 별연사 고적기에 "江陵府之南有大川 川之南有鼈淵寺 寺之後岡爲蓮花峯 故老傳周元公之母蓮花夫人居于此 故以名峯 而寺卽其故宅也 寺之前有石池 名曰養魚" 강릉부(江陵府)의 남쪽에 큰 내가 있고 그 내의 남쪽에 별연사(鼈淵寺)가 있으며, 그 절의 뒤쪽 언덕은 연화봉(蓮花峯)이다. 노인들이 전하기를 주원공(周元公)의 어머니 연화부인(蓮花夫人)이 여기에 살았으므로, 이것을 따서 봉우리의 이름을 삼았으며 절은 곧 그 옛집이라고 한다. 절 앞에는 석지(石池)가 있는데 이름을 양어지(養魚池)라고 한다. 라고 기록하고 있다.

잠수교를 건너 시영주택을 지나면 강릉의 8명당자리인 연화봉 남쪽 산기슭에 웅장한 고택 한 채가 자리하고 있다. 정조때는 홍국영이 잠시 머물렀다고도 한다. 지금은 김윤기 고택(노암장)이라 칭한다.

현재는 강릉김씨 부전공 옥가파 김진한씨의 자손들이 살고 있으며 진한씨의 장손인 김윤기씨는 노암동의 부호로써 강릉동성고등공민학교의 설립자이다.

“나는 60년 전 동성고등공민학교에 다닐 때 선생님들의 간절한 지도와 정성으로 동성고등공민학교입학 검정고시에 합격 조기에 졸업장을 받았다.

초저녁 낙조는 출생의 예고 해돋이는 해넘이 길을 품고 끊임없이 흘러간다.

숨 쉬는 이 순간도 졸업은 계속 진행 중이다.

오늘과 내일의 일상은 같아 보이지만 분명히 다르기에

무형의 졸업장들 연륜보다 더 높이 수북이 쌓여만 가고 있다.

동성고등공민학교는 비정규 야간 중학교 지금은 폐교 되었으나

아쉽고 그리운 나의 모교다.” - 졸업생 유재흥 씀

앞마당 서켠에는 천년의 위용을 자랑하는 향나무가 있다.

신라시대에는 연화낭자가 살던 집터였다고 전해지고 있으며 노암장 뒷산이 바로 연화봉이다. 그리고 연화봉 정상에서 북쪽으로 뒷등을 타고 150미터 정도 내려가면 서출지 너래바위가 넓게 펼쳐져 있다.

이곳이 연화낭자가 잉어에게 고기밥을 던져주었던 서출지로 전해지고 있다. 지금도 마당에 들어서면 연화낭자가 어딘가에서 나올듯한 분위기다. 나는 결혼하고 이 마을에 25년간 살면서 아침이면 연화봉 산책길을 하루도 빠짐없이 조상의 얼이 담긴 연화낭자를 그려보며 오르내렸다.

연화낭자의 집터

강릉항 일출

경포 8경

내가 어렸을 때는 경포호수가 깨끗하고 지금보다 훨씬 크고 넓었다.

여름에 해수욕을 가면 해가 지고 경포에 달이 뜨는 것을 보고 올 때도 있었다.

그때 아버지께서 말씀하시던 경포8경이 생각난다.

1. 녹두일출(綠豆日出)은

녹두정(한송정)에서 떠오르는 동해의 일출을 볼만하다고 하셨다. 녹두정은 옛 한송정으로서 현 강릉비행장 동쪽에 위치하였으며, 경포대에서 보면 정동진(正東津)쪽을 가리킨다.

2. 죽도명월(竹島明月)

호수 동쪽에 있는 섬모양의 작은 산으로서 산죽이 무성하여 죽도라고 불렸는데 현 현대호텔 자리이다. 동쪽 수평선 너머에서 솟아오르는 보름달이 죽도의 대나무와 소나무에 걸려 그 빛이 호수에 비칠 때는 장관이라 하셨다.

3. 강문어화(江門漁火)

강문은 경포대에서 호수동쪽 하구에 있는 곳으로서 호수와 바다를 상통교류 하므로 강문이라고 했으며. 고깃배의 불빛이 휘황찬란하게 보이는데, 그 빛이 바다와 호수에 이어지는 광경은 매우 아름답다고 하셨다.

4. 초당취연(草堂炊煙)

초당은 호수의 동남쪽에 있는 마을로서 지세가 호수와 바다보다 낮은 듯 보인다. 해가 서산마루 시루봉에 기울어질 무렵이면 집집마다 저녁을 짓는데 이 때 가가호호마다 굴뚝에서 피어오르는 하얀 연기가 노을에 물들은 평화로운 초당마을을 더욱 아름답게 하였다고한다.

5. 홍장야우(紅粧夜雨)

홍장은 조선 초기에 석간 조운흘 부사가 강릉에 있을 즈음 강릉부의 예기로 있었던 여인이었다. 어느 날 감찰사(박신)가 강릉을 순방했을 때 그를 극진히 대접한 홍장은 감찰사의 사랑을 듬뿍 받았다.

감찰사는 뒷날 홍장과 석별할 때배에다 홍장을 태우고 선유놀이를 하였는데 이별을 아쉬워하며 떠났다고 한다. 몇 개월 후에 다시 오겠다고 언약을 남기고 떠나간 박신에게 소식이 없자,

그리움에 사무친 홍장은 안개 낀 비 오는 날 밤이면 거문고소리와 함께 신선이 되어 박신과 함께 나타난다고 전하고 있단다.

이 때부터 이 바위를 홍장암이라 부르게 되었으며, 꽃배에 임을 싣고 가야금에 흥을 돋우며 술 한 잔 기울이던 옛 선조들의 풍류광경을 그려보는 곳이라 하였다.

6. 증봉낙조(甑峰落照)

해가 서산마루에 기울어질 무렵이면 채운이 시루봉(경포대 북쪽에 있으며, 그 생긴 봉우리 모양이 시루와 비슷하다) 북쪽 봉우리에서 경포 호수에 반영되어 일몰의 낙조가 잔물결에 부서져 반짝이는 아름다운 광경이란다.

7. 환선취적(喚仙吹笛)

경포호수의 남쪽에있는 환선정 정자에서 신선들이 바둑 놓고 피리를 불며 즐기던 옛 선조들의 여유로운 풍류 모습이라 하셨다.

지금의 정자위치는 원래 자리가 아니며, 안동권씨 안국파들이 동계올림픽 때 문화재 복원사업으로 개축하였으며, 허균의 서고였다고 전한다.

8. 한송모종(寒松暮鍾)

한송정은 지금의 비행장 동쪽에 있으며 신라불교의 중흥기에 한송정에서 해질 무렵 치는 종소리가 경포호의 잔물결을 타고 신선이 놀던 경포대까지 은은히 들려왔다고 한다.

그런데 이런 자연의 아름다움이 거의 사라지고 없다.

초당취연 같은 경우 개발을 자제하고 한옥과 초가로 화회마을과 같은 아름다운 한국형 전통마을을 구상 할 수 있는데 강릉시가 무슨 생각을 하고 있는지 모르겠다. 경포8경을 일부 재현한다면 얼마나 아름다울까?

월파청(경포호수)

21 포락에 쓸려간 월화정

병자년 포락에 쓸려 내려간 월화정 이야기는 할아버지로부터 자주 들었다. 하지만 월화정 건립과 증수에 대한 자세한 이야기를 모르고 있어 기록을 찾아보기로 하였다.

월화정은 신라 명주군왕의 부친인 김무월랑(金無月朗)의 '월(月)' 자와 박 연화부인(朴蓮花夫人)의 '화(花)' 자를 따서 명명한 정자이름이다. 이 정자는 1933년 강원도지사 이범익으로 부터 하천부지 점용허가를 받아 공사비 3,730원을 종인 성금으로 강릉 임영관 건물 일부를 옮겨다 지었다고 한다. 그러나 1936년 병자년 포락(浦落)으로 쓸려내려 간 것을 남대천 둔치 바위에다 재건하였다.

1962년 강릉의 철도 개설로 금산리 장안골 언덕에 명주각으로 개칭하여 이건하였으나 건물이 노후 되고 낡아 언제인지 알 수 없지만 철거되었다고 한다.

2003년 10월 15일 강원도 강릉시 노암동 275번지 368평에 강원도와 강릉시의 도움으로 10억을 들여 2층 목조누각으로 다시 지었다.

무월랑과 연화아씨의 사랑이야기는 『고려사(高麗史)』「악지」에 소개된 「명주가(溟州歌)」에 그 배경설화가 전승된다.

옛 월화정

「남대천 월화정 설화」는 허균(許筠)의 「별연사고적기(鼈淵寺古迹記)」에 가장 자세하게 실려 있다. 그 내용에 의하면 "강릉부의 남쪽에 큰 내가 있고 그 내의 남쪽에 별연사가 있으며, 그 절 뒤쪽 언덕은 연화봉(蓮花峰)이다. 노인들이 전하기를 주원공(周元公: 김주원)의 어머니 연화부인이 여기에 살았으므로 이것을 따서 봉우리 이름을 삼았고, 절은 곧 그 옛집이 있던 터라고 한다. 연화봉 앞(남대천 쪽)에는 석지(石池)가 있는데 이름을 양어지(養魚池)라고 한다."고 하였다.

「남대천 월화정 설화」는 「양어지 설화」 또는 「명주가 배경설화」 등으로도 불리는데, 신라 때 인물로 강릉김씨 시조가 된 명주군왕 김주원의 부모와 관련된 이야기다. 김무월랑의 이름은 김유정(金惟靖)으로 강릉에 와 있는 동안 연화부인과 알게 되었으나 다시 경주로 돌아가서 연락이 없자, 연화부인이 잉어에게 편지를 써서 전달하게 함으로써 두 사람이 다시 만나 결혼하게 되었다는 전설이다.

두 사람이 잉어의 배에서 나온 편지를 보고 다시 만나게 된 일에 대해 『고려사(高麗史)』 「명주가 배경설화」에서는 "정성에 감동되어 이루어진 일이지 사람의 힘으로 해낼 수 있는 것이 아니다."라고 하여 天定配匹임을 강조하고 있다.

강릉김씨 시조의 탄생에 관한 아름다운 설화이다.

22 강릉의 부잣집 선교장

감기 끼가 있어 재채기를 하면 감기를 배달이 통천 집으로 가라고 했다. 어릴 때 가난에 시달리는 것도 힘든데 감기라도 부잣집으로 갔으면 하는 순수한 마음이었다고 생각한다.

선교장이라는 명칭은 배를 띄워 다리를 만들어 건너다니던 집 즉 배로 만든 다리라는 이름을 따서 배다리집이라 하였다. 중요민속문화재 제5호이며, 이 집은 충주에서 이사온 전주이씨 이내번(李乃蕃)이 터를 마련하여 사랑채인 열화당(悅話堂)은 1815년(순조 15)에 오은처사 이후(李厚)가 건립하였고, 정자인 활래정(活來亭)은 1816년(순조 16)에 이근우(李根宇)가 중건하였다고 한다. 안채 · 사랑채 · 동별당 · 서별당 · 시당 · 정자 · 행랑재를 골고루 갖춘 큰집으로 조선시대 상류주택의 대표적인 한 예이다.

집의 배치는 간좌곤향(艮坐坤向)으로 서남향을 하고 있다. 전면에는 긴 행랑채가 있고, 그 가운데 솟을대문이 자리잡고 있는데, 이 대문을 들어서면 사랑채 마당에 이르게 된다. 사랑채인 열화당은 정면 4칸, 측면 3칸으로 집의 구성은 대청 · 사랑방 · 침방 · 누마루

선교장

로 되어 있고, 대청 앞에 반칸 너비의 툇마루가 붙어 있다. 특히 사랑채 전면에는 차양(遮陽)이 가설되어 석양의 강한 햇볕과 눈, 비를 가리게 되어 있다. 사랑대청의 천장은 일부 빗천장을 하고 우물천장을 한 것이 특색이다. 안채는 행랑채 동쪽에 있는 평대문으로 들어가는데 부엌 · 안방 · 대청 · 건넌방으로 구성된다.

동쪽으로는 동별당, 서쪽으로는 행랑채와 연결되어 있다. 안채는 민도리 양식으로 팔작지붕에 홑처마이다. 경포호가 지금보다 넓었을 때, '배타고 건넌다'고 하여 이 동네를 배다리 마을(船橋里)이라 불렀는데, 선교장이란 이름은 바로 여기서 유래한다.

선교장은 조선 영조 때(1703년) 효령대군의 후손인 이내번이 족제비 떼를 쫓다가 우연히 발견한 명당자리에 터를 마련한 후, 그 후손이 지금도 살고 있다. 긴 행랑에 둘러싸인 안채, 사랑채, 동별당, 등이 정연하게 남아있고, 문 밖에는 연못 위에 세워진 활래정이라는 정자가 있어, 정원까지 갖춘 완벽한 구조를 보여 준다. 선교장은 건물뿐 아니라 조선 후기의 주거생활과 생활용구를 연구하는데 귀중한 자료를 다수 소장하고 있으며, 주변경관과 어우러진 풍치가 아름답다. 선교장의 사랑은 열화당이라하며, 여기에는 용비어천가, 고려사 등 수천 권의 책, 글, 그림 등이 소장되어 있다.

* 안채

안채는 1700년 이전에 건립된 건물로 세종의 형인 효령 대군의 10대손인 이내빈이 창건한 것으로 선교장 건물 중 가장 서민적인 성격을 띠고 있으며 안방과 건너방이 대청을 사이에 두고 있으며 부엌이 안방에 붙어 있는 전통 한옥이다.

* 열화당(悅話堂)

열화당은 바깥주인(남자들) 전용의 사랑채로서 내번의 손자 "후"

가 순조15년(1815)에 건립하였으며 당호인 열화당은 도연명의 귀거래사 중 (悅親戚之情話)에서 따왔다고 한다. 열화당은 3단의 장대석 위에 세워진 누각형식의 건물로 아주 운치있는 모습을 하고 있다.

*** 동별당(東別堂)**

안채와 연결된 안주인 전용의 별당 건물로 이근우가 1920년에 지은 ㄱ자형 건물이다. 동쪽에 2개, 서쪽에 1 개의 온돌방을 만들고 앞면에는 넓은 툇마루를, 뒷면과 동쪽은 좁은 툇마루를 돌렸다.

*** 활래정(活來亭)**

활래정은 선교장 정원에 판 인공 연못 위에 세운 정자로 순조16년(1816) 열화당을 세운 다음해에 세웠다. 정자명은 주자의 시 (관서유감) 중 "爲有頭源活水來" 에서 땄다고 한다. 이 건물은 마루가 연못 안으로 들어가 돌기둥으로 받친 누각형식의 ㄱ자형 건물이다. 활래정은 벽면 전부가 분합문의 띠살문으로 되어 있으며 방과 마루를 연결하는 복도옆에 접객용 다실이 있다. 창경궁의 부용정을 옮겨놓은 듯 비슷한 모양을 하고 있다.

*** 기타**

안채와 열화당 사이에 서재겸 서고로 사용하던 서별당이 있는데 소실되었다가 1996년에 다시 복원하였으며, 건물의 전면에는 행랑채가 있다. 또한 건물의 측면에는 원래 창고였으나 개화기때(1908

활래정

년) 여운형 선생님을 모시고 신학문을 가르치던 동진학교(東進學校)터가 있다. 학생들에게는 숙식과 교복 등을 무료로 제공하였으나 일제의 탄압으로 3년 만에 폐교되었다.

그리고 조선후기 선교장은 안인 염전해변에서 염전사업으로 큰 부자가 되었고 이렇게 번 돈으로 도지를 매입하고 집주변의 뻘을 논밭으로 개간하였으며 벼농사 이앙법(직파하지 않고 모판에서 모를 길러 심는 법) 기술을 개발하여 재산을 증식하였다고 한다.

과거시험에 합격한 자손이 없어 공명첩(성명을 적지 않고 임금이 내리는 관직 임명장, 실무는 보지 않고 행세만 함)을 받아 행세를 하였는데 효령대군 14세(1798-1834) 이의범이 과거급제 하여 통천군수를 하였다. 그 이후로 택호가 배다리 이통천 집이 되었다.

경포호 달맞이

23 경포대와 달맞이

경포대의 달맞이는 태평양을 헤치고 죽도의 소나무 위로 떠오르는 보름달이 경포호와 어우러지면, 보는 이로 하여금 감탄사가 저절로 터질 수밖에 없다.

강릉사람들은 누구나 가끔씩 경포대에 올라 답답함을 달래곤 한다.

경포대에 올라 아침의 일출이나 초저녁 죽도봉 월출의 광경을 보면 시성들이 놀라 한수의 시를 흥에 겨워 저절로 읊을 수밖에 없었다.

그러나 씨마크(옛 현대호텔)호텔을 지으면서 죽도봉은 사라졌고 죽도봉의 월출 광경(죽도명월)도 사라지고 말았다.

강릉경포대는 관동팔경의 하나로 고려말 충숙왕 13년인 1326년 지중추부사 박숙에 의해 창건된 누정 건물로 안축의 「鏡浦臺新亭記」記文에 "옛날 영랑선인이 놀던 곳이며 정자가 없어 비 바람이 치는 날 놀러왔던 사람들이 곤욕스럽게 여겨 작은 정자를 지었다" 라고 하여 창건목적을 밝히고 있어 역사성이 높다. 또한 창건 당시 이전시대의 주춧돌과 장대석이 발견되어 훨씬 이전시대부터 이곳에 정자형태의 건물이 존재하고 있음을 알 수 있는데, 강릉지역 누정 기록으로 신라 성덕왕 때 순정공(純貞公)과 관련이 있는 임해정과 술랑선도(述朗仙徒)와 관련이 있는 한송정을 통하여 현존하는 경포대와 더불어 강릉 지역의 누정문화의 시원이 오래되었음을 알 수 있는 역사적 가치가 높은 곳이다.

관동팔경(關東八景) 중 하나인 경포대(鏡浦臺)는 지형 · 지질적 가치가 뛰어난 자연석호인 경포호와 함께 동해안의 빼어난 절승지로 예부터 수많은 시인묵객들이 다녀간 명승지로서 명사들의 수많은 시 · 서 · 화가 있어 역사문화 및 경관적 가치가 높다. 김동명의 시가 바람결에 뇌리를 스친다.

"내 마음은 호수요. 그대 노 저어 오.........."

경포대와 경포호의 자연풍광을 관동팔경에 비유한 경포팔경과 호해정을 중심으로 읊은 팔경, 김극기의 강릉팔영 등이 전해져 오고 있으며, 천혜의 자연경관을 조망하며, 심성을 수양하는 곳일 뿐 아니라 풍부한 문학적 소재성 등 문화적, 경관적 요소가 결합된 누정으로 장소적 가치가 매우 높은 곳이다.

영조 22년(1746년) 김상성(金尙星, 1703~1755)이 강원도 관찰사로 부임하여 화원들에게 강원도 절경을 그리게 한 후 친한 사람들에게 시를 지어 완성한 작품이 관동십경(關東十景)인데 그 중의 경포대 그림은 경포대와 경호를 높은 곳에서 바라보는 부감법으로 그린 것으로, 경호는 경포대를 경계로 하여 내호와 외호로 구분하고 있으며, 호수에는 낚시질을 하는 늙은 어부와 갈매기의 한가로운 모습을 볼 수 있으며, 호수와 바다가 경계되는 곳에는 백사장과 함께 현재의 죽도봉이 그려져 있고, 초당과 경포대 뒤쪽에는 소나무

사이로 꽃들이 만발하여 봄날의 정취를 감상할 수 있으며, 멀리 강문 너머로 보이는 동해 바다에는 아침해가 떠오르는 일출 모습과 함께 햇살을 받으며 바람을 타고 흘러가는 돛단배를 그리고 있어 경포호의 옛 자연환경 및 인문환경을 알 수 있어 가치가 높다.

정철(鄭澈, 1536-1593)의 관동별곡(關東別曲)에서 경포대를 관동팔경 중 으뜸이라 했으며, 경포대에 저녁이 되어 달빛이 쏟아지면 하늘, 바다, 호수, 그리고 술잔과 임의 눈동자 등 다섯 개의 달을 볼 수 있는 동해안 제일의 달맞이 명소로 널리 알려져 있다.

경포대 정자 내에는 율곡 이이가 10살 때 지었다는 「鏡浦臺賦」를 비롯하여 숙종어제시, 조하망의 상량문 등 여러 명사의 시문현판은 인문학적 가치가 높다. 그리고 경포대는 신라시대 화랑들의 순례코스로 오래전부터 정자가 있었던 것으로 추정된다.

"동호승람"에의하면 강릉 경포대는 고려말 1326년 지추부학사(강릉도안렴사) 박숙이 방해정 뒤 인월사 뒷산 정상에 새로 창건했던 것을 1508년에 강릉부사 한급이 현재 자리로 옮겼고 여러 차례 중수를 거쳐 현재의 모습을 갖춘 약 680여년의 역사성을 지닌 누정건축물이며, 경포호와 더불어 탁월한 역사문화적 경관성을 지닌 곳이다.

서거정(徐居正, 1420-1488)의《동인시화(東人詩話)》설화 홍장(紅粧) 고사는 경포대에서의 홍장과 강원 감찰사 박신과 애틋한 사랑의 이야기가 전해오고 있어 구전문학의 가치를 높이고 있다.

경포대

24 강릉의 수호신 창해역사

강릉 사람들은 범일국사, 김유신장군, 창해역사, 이 세 사람을 수호신으로 모신다. 강원도노래 가사에도 창해역사가 등장한다.

특히 강릉을 지켜주는 수호신으로 강릉 사람들이 숭상하고 있다.

강원도 지역에 전승되는 설화로서는 「창해역사의 탄생담」,「장량(張良)과 창해역사」등에 채록되어있다. 설화에 의하면 창해역사는 고향이 강원도 강릉이며, 강릉 남대천에 큰 두레박이 떠내려가는 것을 발견하고 그것을 건져다가 열어 보니 얼굴이 검은 한 아이가 있었는데, 그 아이가 곧 창해역사라는 것이다. 창해역사의 비는 옥천동 당간지주 옆에 있다.

창해역사(창해군)는 강릉사람으로 진시왕과 한고조(유방) 시대의 사람이다.

창해역사는 힘이 천하장사였는데, 장자방이 진시왕을 제거하려고 천하를 두루 다니며 힘 센 사람을 찾다가, 강릉에 이르러 창해역사를 만나 진시왕을 없애 달라고 당부를 하였다는 것이다.

창해역사는 천 근짜리 철퇴를 들고 진시왕이 행차하는 길목에 숨어 있다가 진시왕이 탄 가장 화려한 수레를 공격하였는데, 진시왕은 다른 수레에 타고 있었기에 죽음을 모면하였다는 것이다.

창해역사는 즉시 모래밭을 뚫고 삼십 리를 달아나 사라졌다가 열흘 동안 붙잡히지 않았다고 하는데 결국 잡혔을 것이라고도 한다. 창해역사는 성이 여씨로도 나타나고 박씨로도 나타난다.

창해역사가 검게 보이므로 '검을 여(黎)' 가 성씨라고도 하고, 예국(濊國)의 평민이라고도 한다. 한편 아산시에서 채록된 자료에는 강원도 박가의 아들 삼 형제 중 맏이라고 하여 성이 박씨임을 주장하고 있다.

창해역사

이처럼 설화에서는 창해역사를 우리나라 인물로 설정하고 그 고향과 성씨를 구체화하고 있다.

이 같은 설화의 형성은 '창해(滄海)' 라는 말이 본래 우리나라를 가리키는 말이고, 창해역사의 신원이 역사에서 분명히 밝혀져 있지 않은 데에서 기인한다.

또한, 폭군 진시왕을 공격한 장쾌한 창해역사의 행위는 설화 향유층의 공감을 확보할 수 있기 때문에, 이러한 인물을 우리나라 사람으로 만듦으로써 민족적 긍지를 살릴 수 있었다고 볼 수 있다.

25 용지각과 강릉최씨

강릉여고 아래쪽 교차로에 신호를 받고 기다리다보면 작은 못 옆에 버드나무가 눈길을 끈다. 이곳이 용지각이다. 궁금증이 많은 나는 용지각에 대하여 알고 싶어 조사한 내용은 다음과 같다.

용지각은 강릉최씨의 동원군파(최문한계)의 설화가 담긴 못이다.

강릉 최씨(江陵崔氏)는 본관을 같이 하면서도 시조(始祖)를 달리하는 세 계통(系統)이 있다. 첫째는 고려 왕건(王建)의 창업을 도와 삼중대광 삼한벽상 개국찬화공신(三重大匡三韓壁上開國贊化功臣)에 책록되어 영첨의 좌정승(領僉議左政丞)을 역임한 후 경흥부원군(慶興府院君)에 봉해졌던 충무공(忠武公) 최필달(崔必達)의 경주계(慶州系)이며, 둘째는 고려 태조(太祖)의 부마(駙馬)로 대경(大卿)에 올랐던 최흔봉(崔欣奉)의 전주계(全州系) 平章派이며, 또 다른 한 계통은 고려 충숙왕(忠肅王)의 부마(駙馬)로 삼중대광(三重大匡) 판군기시사(判軍器寺事)에 올랐던 충재(忠齋) 최문한(崔文漢)을 시조(始祖)로 하는 강화계(江華系)즉 東原君派다.

최필달계(崔必達系) '경주최씨 상계세보(慶州崔氏上系世譜)' 에 의하면 시조 최필달(崔必達)은 경주 최씨(慶州崔氏)의 시조 최치원

(崔致遠)의 후예로 전해지나 정확히 고증하기는 어렵다. 다만 최필달(崔必達)은 고려 초기에 경주 최씨에서 분적(分籍)했던 것으로 여겨지며, 강릉 김씨(江陵金氏)의 시조 김주원(金周元)이 강릉(江陵)으로 낙향할 때 최필달(崔必達)도 함께 온 것으로 설명된다.

최필달(崔必達)은 고려 초기 왕건(王建)을 도와 삼한통합(三韓統合)에 공을 세워 삼중대광 삼한벽상 개국찬화공신(三重大匡三韓壁上開國贊化功臣)이 되었으며, 영첨의 좌정승(領僉議左政丞)의 벼슬과 경흥부원군(慶興府院君)에 책봉되어 경흥(江陵)이 본관(本貫)이 되었다. 그는 고려 초기 학문을 정립하고 예(禮)를 가르쳤던 문무(文武) 겸비의 학자로 '해동부자(海東夫子)' 라 일컬었다고 한다.

그의 묘는 전하지 않으나 자손들이 시조를 기리기 위해 강원도 강릉시 운정동에 황산사(篁山祠)를 건립하였으며, 사당 앞에는 시조와 사당의 내력을 적은 황산사비(篁山祠碑)가 있다.

최문한계(崔文漢系) 시조 최문한(崔文漢)은 호가 충재(忠齋)이며, 고려 충숙왕(忠肅王)의 부마(駙馬)로 삼중대광(三重大匡) 판군기시사(判軍器寺事)이다. 그는 기상이 웅위(雄偉)하고 일의 처리가 명쾌해서 삼도(三道)의 안렴사(按廉使)를 지내면서 많은 공적을 남겼다. 고려 말 국운이 다하자 고려의 유신들과 함께 두문동(杜門洞、경기도 개풍군 광덕면)에 은거하였으며, 그 후 강화로 이주하였다가 강릉(江陵)으로 낙향하였다. 그의 선계(先系)는 고려 때 문과(文科)에 올라 위국공(偉國公)이 된 최전(崔佃)이며, 그의 후손들이 본관을 강릉(江陵)으로 정하고 대를 이어오고 있다. 전설에 의하면 시조 최문한

(崔文漢)이 송경(松京)에서 강릉으로 올 때 타고 온 애마(愛馬)가 문한(文漢)이 사망하던 날 강릉 옥천동 대창역 남쪽 큰 길가에 있는 못에 빠져 죽었으나 곧 용(龍)이 되어 하늘로 올라갔다고 하여 그 후부터 그 못을 용지(龍池)라고 불렀으며, 못가에 비석이 지금도 남아 있다. 또 다른 얘기로는 늘 말을 타고 다니던 최문한(崔文漢)이 개경에서 돌아와 못 가에 있는 버드나무 가지에 말고삐를 매어 놓았는데, 갑자기 못 속에서 안개가 구름처럼 솟아 올랐다. 그러자 그의 말이 크게 울면서 못 가운데로 뛰어들어 운무(雲霧)를 타고 용(龍)으로 변하여 하늘로 올라갔으므로 이 못을 용지(龍池、강원도기념물 제3호)라 부르게 되었다고 한다.

용 지

이곳 龍池는 최문한계(동원군 최씨)의 설화이지 최필달계의 용연파 관련 설화가 아니다. 즉 용지와 용연은 선대의 시조가 서로 다르다.

필달계의 소파인 용연동파 龍淵은 사천면 사기막리 용연사 아래쪽 개울을 따라 몇 개의 龍淵이 있었는데 사천저수지 공사로 인해 매몰되었다고 한다. 이들 계보의 파가 강릉최씨 필달계의 龍淵同派이며, 龍池와 관련된 최문한계(동원군 최씨)와는 다른 계파임을 알아야 한다.

강릉의 최규하 대통령, 최각규 장관, 최준집회장님이 필달계의 손이다.

황산사

26 왕궁과 굴산사

강릉김씨의 후손이라면 명주군왕의 궁터가 어디였을까? 라는 궁금증은 모두가 가지고 있을 것이다. 하지만 잃어버린 사료를 찾는 것이란 쉽지가 않다.

어느 날 향토사에 관심이 많은 대학선배님께서 강릉 김씨는 명주군왕 궁터가 어딘지를 찾아야 한다고 하였다. 그것은 달랑 집 한 채 들어설 수밖에 없는 금산리 장안골이 아니고 여러가지 상황으로 보아 어단리가 아닐까라는 것이었다. 강릉 김씨의 후손으로 창피하였다.

그날 이후 나는 발품을 팔며 어단리를 다니며 지명유래 뿐만 아니라 각종 사료 및 자료집을 찾아 정리하였다. 그것은 다음과 같다.

고려 왕예의 후손은 강릉김씨 평의공파(왕심파) 손들이며 ,왕예는 왕심파(평의공파) 중시조이다. 그리고 김순식(왕순식)은 허월의 아들이며 ,허월은 김주원의 후손이다. 왕건이 고려 건국시 김순식은 명주군의 대장군이고 김예는 만석군으로 왕건을 도와 승전의 공을 세웠다. 이들은 김주원의 4세 김영길의 후손이며 김예의 아버지는 선희이고 김순식의 아버지는 허월 이다. 당시 상황으로 보면 김주원의 후손들이 명주군의 성주로서 명주군왕의 역할을 하고 있었다는 것이다. 그렇다면 당시 만석군 왕예가 지키던 어단리 일대는 선조(김주원공의 후손들)가 다스리던 터전이었고, 명주군왕의 궁이 있었다고 보아야한다. 그런데 궁터를 밝히지 못하고 있다. 더구나 향토사학자들은 학산을 굴산사 절터로만 알고 절터 찾기에 중점을 두고 있어 안타깝다. 강릉 김씨 호족과 성주가 어디에서 살았는지 찾으면 명주의 궁터를 곧바로 쉽게 찾을 것이다. 증수 임영지에 보면 굴산사는 명주군 관아(치소)를 복원하여 절을 만들었다고 기록하고 있다. 지나간 역사는 사료나 자료를 찾으면 더욱 정확하겠지만 구전을 무시할 수 없는 것 같다. 어느 해 가을 날 자료수집 차 학산에 갔다가 우뚝 선 당간지주에 기대어 칠성산을 보다가 훤히 내려다보이는 경포 쪽을 돌아다보았다. 감히 상상도 못했던 훌륭한 왕궁 터가 분명함을 느끼면서 눈시울이 뜨거워졌다. 이날 이후 결심한 것은 왕궁 터를 찾아야 된다는 굳건한 각오였다.

장안리(王縣)로 넘어가는 고개를 王峴(왕고개)이라 하며, 어단리, 옥봉, 선래, 군선강, 명선문, 봉화대, 금쾡이, 칠성산, 왓골, 태봉(貞福阿只 공주의 태가 묻힌 곳), 어단천을 해자로 하는 토성 등 왕이 거처하던 지리적 역사적 명칭이 많이 남아있는 것으로 보아 굴산사가 있었던 학산이 명주군왕의 궁터가 확실하다는 자신감을 갖게 되었다.

잠시 "황성옛터" 노래가사가 떠오르며 가슴이 뭉클해졌다.

"황성옛터에 밤이 되니 월색만 고요해, 폐허에 서린 회포를 말하여 주노라..." 잊어버린 왕궁 터는 당간지주가 있는 학산이 분명하였다.

그 이유는 명주군 왕궁 터와 굴산사에 대한 구전 자료 "증수 임영지"를 보자.

옛 노인들에 말에 의하면 명주가 처음 세워지던 날 범일이 관사터(명주군 관아 터)에다 큰 절을 세우고자하니 스님들이 그 일을 주관하였다고 한다.

그 후 병화에 타버려 부의 관사를 옮겨 세웠는데 오직 사문(沙門)만이 남아있는데 지금의 外大門(객사문)이라 한다.

대문을 청소할 때 지금도 장인승려를 쓰니 그럴듯한 일이다.

완역 증수 임영지(강릉문화원) 1997. 12. 31. 叢話 P 138

이에 대한 상기 원문은 증수 임영지 (전 강릉군수 용택성 강릉고적 보존회) 소화 8년 8월 叢話(총화) P 七十七 에

"古 老言 溟洲 初建之 日 梵日 創大寺于 官舍之基 僧徒主之 其後寺利燬於兵燹 府館 移搆 (고 노언 명주 초 건지 일 범일 창 대사간 관사지기 승도 주지 기후사리 훼어 병선 부관 이구)

焉帷 沙門 獨存 卽今 外大門也 故 掃除 大門至今用 僧匠 意然也.

(언유 사문 독존 즉금 외대문야 고 소제 대문지금용 승장 의연야.)" 라고 되어있다. 여기서 官舍라 함은 官衙(治所)이다.

따라서 명주군왕의 왕궁터는 금광리(학산) 굴산사 터이며 이곳을 지금도 王縣이라 하고 있다.

그리고 임영지는 강릉군청에 보관 중이던 원문 5권을 심상봉님이 1921년에 필사하여 강릉문화원에 보관하던 것을 다시 심재갑님에게

의뢰하여 일반화하기 위하여1991년 영인하여 발간한 것이다.

언제부터인가 나는 향토 사학 연구자로 심도 있는 자료를 조사 중이다.

분명 이곳에 관한 연구는 강릉 김씨의 족보(수십개의 파보)를 자세히 살펴보아야 한다. 그리고 명주군을 다스리던 군왕은 3대에서 끝났지만 뒤를 이어 성주로서 이곳(어단리)을 강릉김씨 왕김파가 고려 말까지 자리 잡은 것으로 "평의공파 파보"에 소상히 나와 있다.

강릉김씨 평의공파 파보를 보면 명주군왕이 어디에 터를 잡고 있었는지 눈에보인다. 그리고 증수 임영지에 보면 굴산사는 명주관사(치소)를 복원하였다고 되어있다.

명주군왕의 궁궐터는 주춧돌을 찾아야겠지만 강릉김씨의 성주가 살던 곳 그리고 현존해있는 지명유래와 굴산사의 창건유래, 현존해 있는 토성 등을 근거로 찾아보아야 할 것이다.

굴산사가 명주군왕 성지라고 주장 할 수 있는 실증적 근거가 많이 산재해 있다. 御壇里는 고려 우왕을 따르던 신하와 성안의 백성들이 어제단(御祭壇)을 만들고 제사를 지냈다고 하는데 당시 상황으로 보면 고려 말 이성계가 옹립한 창왕에게 밀린 우왕이 御壇里 인근에 위치한 단경골에 은거하다 이성계가 보낸 군사에 의해 御壇里에서 시해됐다고 전해지고 있으므로 어단은 그 이전에 있던 것으로 보아야한다.

공양왕도 이곳에 은거하다가 삼척 궁촌 살해재에서 시해되었다고 전해지는데 공양왕이 넘어갔다고 "왕고개"라고 한 것이 아니라 王

縣(학산)이 있는 마을의 고개를 “왕고개”라고 했다는 것이 실증적 가치가 있다고 생각한다.

그렇다면 고려의 왕을 잠시 모실 수 있었던 당시 상황은 강릉김씨가 왕씨 성을 하사받아 왕씨로 살던 이곳이 명주성의 성주가 있었던 곳이기 때문이다.

현재 어단(於丹)의 한자표기는 일제에 의해 변질된 것으로 어단(御壇)으로 표기하는 것이 옳다는 게 주민들의 설명이다.

그리고 왕고개 남쪽이 장안재이며 장안재 아랫마을이 장안리이며 왕현으로 가는 고개가 왕 고개다.

그리고 칠성산, 어단, 왓골, 한송사, 한송정, 어단천 북쪽토성, 등 입증할만한 지명이 산재해있다. 이것은 명주군왕의 도읍지라는 물적 증거이다.

이쯤에서 장안성은 왕궁터가 아니라고 강하게 주장할 수 있다

이유는 명주성 와당의 발견으로 주장하는 금산 장안리 왕궁터는 주변 환경이 궁터로서 적합하지 않으며 왕궁을 입증할만한 지명이 전무하기 때문이다.

위치나 환경적으로도 맞지 않으며 주변명칭이 성하와 성하골로 보아 전쟁성(장안성)이 확실하다고 본다.

그리고 굴산사 터에서 출토된 명주성 유물(와당) 몇점을 학산의 정주교님께서 소유하고 있는 것으로 알고 있다. 당시 궁궐과 성을 축조할 때 명주산성(장안성)과 함께 같은 와당을 사용했다고 보아야한다.

고려말 우왕과 공양왕이 이곳을 잠시 거쳐 갔지만 지명과 관련이 적다.

증수 임영지에 굴산사는 명주군 관아(치소)를 복원하여 지었다고 기록하고 있다. 그리고 강릉의 성주는 고려말까지 강릉 김씨였으며 이들은 금광리와 박월리 일대 만석군과 대장군으로 명주를 통솔한 근거가 강릉김씨 대동보에 전해져오고 있다. 강릉김씨 왕김파(평의공파) 족보를 살펴보면 확실하다.

김주원(강릉김씨 시조의 아들 삼형제 종기,헌창,신) 중에 셋째 신 – 지사 – 동정 – 영길 – 선희 – 예(6세손,왕김파 중시조)부터 왕씨로 살다가 14세(왕탄지)에 와서 김탄지로 복성하였다.

범일국사는 김주원의 5세 선희가 아들이 7명 있었는데 막내 일곱째(광진)의 장자가 범일이다. 그리고 왕김파 파보와 증수 임영지에 김순식(왕순식)의 아버지가 허월이며 김순식은 명주군의 대장군으로 장자가 수원이고 수원은 아들이 경, 강, 둘 있었는데 무후로 후사가 없으며 김주원의 후예라고 전하고 있다.(강릉김씨 평의공파 파보)

그리고 명주군의 왕으로 봉향되어 이곳을 다스릴 때 명주사람들이 왕을 왕이라 하였겠지 성주라 했겠는가?

그리고 살던 집을 궁이라 했겠지 저택이라 했을까?

이렇게 까지 상대를 폄하하는 역사학자들도 있다.

모든 학문은 자료와 근거에 의해야 하지만, 구전으로 내려온 역사에 대한 주장은 물론 그 시대의 상황과 지리적 환경 그리고 자연의 섭리와 순리에 따라 추리하고 발견해야 한다. 따라서 구전을 무시하거나 개인 또는 단체의 목적달성을 위해 스토리텔링을 하던지 상대를 폄하하는 연구는 삼가야한다. 삼국유사, 삼국사기, 동국여지승람 그리고 고려사도 훗날 대부분 구전을 통하여 기록되었다고 보아야한다. 따라서 선행연구에 맹신하면 역사가 왜곡 될 수도 있으므로 구전 및 당시 시대상황 등 다각적인 시각에서 살펴보아야한다.

학자들의 노고는 인정하지만 향토사에 관심 있는 연구자들이 수집한 사료 또한 무시 될 수 없다는 것을 알아야 한다.

선조들이 전하는 구전 또한 역사의 근본이기 때문이다.

굴산시지 당간지주

명선문(군선강 하류)

27 군선강과 명선문

강릉에도 강이 있다고 어른들께 들은 적이 있다.

그것이 유일하게 강이라는 이름으로 흐르고 있는 군선강이다.

군선강은 강동면 언별리 단경골에서 발원하여 동북쪽으로 흘러 모전리를 지나 안인리 관마을 앞에서 임곡천과 합류하여 해령산 옆 명선문을 통해 바다로 나간다. 이곳은 경치가 아름답고 신라 때 영랑, 술랑, 남석랑, 안상랑 등 화랑이 드나들던 곳이라 전해지고 있다.

江은 규모 및 길이 등으로 급수에 따라 명칭이 정해진다고 하는데, 강릉의 군선강은 1급도 아닌 2급 하천인데 왜 江이라고 했을까?

한번쯤 생각해보아야 할 과제다.

거슬러 올라가 생각해보면 이곳 명선문은 옛 부터 영동지역 수군기지로 알려져 오고 있다. 그렇다면 하슬라 군주 이사부도 이곳에 수군 지휘부를 두었을 것으로 추측이 된다. 또한 하슬라 군주의 치소도 명선문과 가까운 학산(명주군왕 치소로 추측되는 王縣)이 아니었겠느냐는 것이다. 구전에 의하면 群仙江은 軍船을 정박했던 강이라고 하여 軍船江이었는데 시대가 바뀌고 軍船이 정박했던 수군기지가 없어지므로 지금의 群仙江이 되었다고 전한다.

그리고 群仙江이 바다로 흘러나가는 곳 즉 강포구의 명칭도 溟仙門이라고 하는데, 溟船門이 아니었겠느냐는 것이다. 당시 이곳은 수군기지로 신라의 화랑들이 험한 육로로 온 것이 아니라 배를 타고 경주에서 이곳으로 왔다고 전한다. 또한 이곳에는 말을 갈아타는 역말(역마을)이 있는 것으로 보아 가능한 추측이기도하다.

따라서 가까이에 한송호와 한송정(녹두정)이 있는데 주변은 경치도 아름답고 화랑(영랑,술랑,남석랑,안상랑)들의 무예 훈련장이라는 기록도 있다. 명주의 행정 중심지였던 굴산사 터는 신라중기에 명주군왕의 치소(궁궐)였다고 임영지에 전하고 있다. 그리고 단경골에는 명주군왕의 2만군대가 주둔했던 곳으로 전해오는데, 그 이유는 쌀 씻은 희뿌연 물이 군선강으로 연중 계속 흘렀다는 이야기가 지금까지 전해지고 있으며, 허월스님(명주성의 장군 김순식의 아버지)과 김예가 궁예와 왕건을 맞이 했던 곳으로도 추측된다. 또한 김순식은 명주성을 지키는 대장군이었으며 기록에 의하면 휘하에 2만 여명의 군졸이 있었다고 한다. 당시 명주성을 김주원의 후손(김예)과 김순식장군이 이끄는 2만명의 군대가 함께 지키고 있었다고 보아야한다.

군선강 하류

28 객사문과 칠사당

학창시절 객사문은 아이들의 놀이터였다.

그리고 칠사당은 이, 호 ,예, 병, 형, 공의 업무를 살피던 곳으로 알고 있다.

지금은 강릉관아로 복원하여 각종 전통행사 장소로 활용하고 있는데 본시 객사문은 굴산사의 사문을 옮기면서 안쪽으로 府館(강릉부의 관사)을 지으며 객사문이라 부르게 된 것으로 전해지고 있다.

고려시대 건축물로 국보 제51호이다.

전해 오는 말에 따르면, 승려 범일(梵日)이 명주 관사(官舍) 터에 절(굴산사)을 지었으나 절은 병화(兵火)로 소실되고 그 문만이 남아 있다가 지금의 자리에 부관(府館)을 옮겨 지음으로써 객사문이라 불리게 되었다고 하며, 염양사(艶陽寺)의 삼문(三門)을 객사로 옮겨 지었기 때문에 사문(沙門)이라 불려 왔다고도 한다. 객사문은 고려시대에 지은 강릉 객사의 정문으로, 현재 객사내의 건물은 없어지고 이 문만 남아 있다. 객사란 고려와 조선시대 때 각 고을에 두었던 지방관아의 하나로 왕을 상징하는 나무패를 모셔두고 초하루와 보름에 궁궐을 향해 절을 하는 망궐례를 행하였으며, 왕이 파견

한 중앙관리나 사신들이 묵기도 하였다. 이 객사는 고려 태조 19년(936)에 총 83칸의 건물을 짓고 임영관이라 하였는데, 문루에 걸려 있는 '임영관' 이란 현판은 공민왕이 직접 쓴 것이라고 한다.

그러나 임영관 대청화재(1627년) 때 사문만 남고 임영관과 태조어진을 모신 집경전도 소실되는데 이때 임영관 현판도 함께 소실되었다.

지금의 임영관 현판은 경포대 "제일강산"처럼 집자한 것이며. 몇 차례의 보수가 있었고, 일제시대에는 학교 건물로 이용하기도 하였다. 학교가 헐린 뒤 1967년에 강릉 경찰서가 들어서게 되고 현재는 마당에 객사문만 남아 있다. 남산의 오성정, 금산의 월화정, 경포의 방해정은 객사의 일부 건물을 옮겨 지은 것이라고 한다. 2014년 임영관을 강릉대도호부 관아로 개칭하고 복원하였지만 이처럼 문화유적을 부와 권력으로 사유화함으로써 유적과 유물을 훼손하는 행위는 바람직하지 못하다. 우리는 올바른 역사의식을 가지고 문화재를 보존 관리하여 이런 아픔이 없도록 하여야겠다.

29 경포호 주변의 정자

내가 초등학교 다닐 때 경포호에 소풍을 가면 정자 주변에서 뛰어놀다가 정자에서 점심도 먹었다.

이제 와서 보면 없어진 정자가 몇 채 있다 옛날부터 경포호 주변에는 지방토호 또는 선비들이 정자를 많이 지었던 것으로 기록에 남아있으며 사라진 것 또한 많다. 2019년 현재 경포호 주변에 남아있는 정자로는 경포대를 비롯하여 오죽헌, 해운정, 방해정, 활래정, 금란정, 경호정, 상영정, 환선정, 월파정, 취영정, 석란정, 창랑정, 호해정, 이 있다. 그런데 석란정은 2017년 화재로 소방대원 2명이 순직하는 사고를 내고 사라졌으며 환선정은 2016년 5월 동계올림픽 환경개선 사업으로 재건하였나.

경포대는 신라시대 이전부터 있었던 것으로 추정되며 1326년 박숙에 의해 창건된 정자이며. 동해바다가 보이는 방해정 뒷산에 있었던 것을 이건 하였다고한다. 당시는 정자 북쪽(경포대 초등학교일대)이 호수였으며, 현재 위치에 건립된 것은 1508년 강릉부사 한급에 의해 옮겨 지은 것으로 전해지고 있다.

오죽헌 또한 건축할 당시 경포호수의 물이 마당 앞에 까지 차 있었다고 한다. 신사임당과 이율곡 선생님이 태어난 곳으로 유명하다.

해운정은 어촌 심언광의 정자이며 마당 앞이 호수였다고 한다.

방해정은 통천군수 이봉구가 손님을 접대하기위해 지은 정자이며 선교장이 내번의 후손이기도하다 후일 이봉구의 손자 이근우가 살았던 곳이다.

활래정은 선교장 마당안에 있는 정자이다.

금란정은 1466년에 조직된 금란 반월계원 후손들이 지은 정자이다.

환선정은 안동권씨 권협이 지은 정자이며 손자 권칭이 낙향하여 풍류를 즐기던 곳이다 경포호 남쪽에 위치하고 있으며 지금의 정자는 2018동계올림픽 때 도시환경 조성사업으로 재건한 것이다. 환선취적은 경포팔경의 하나다.

월파정은 호수가운데 바위에 세워진 정자이다. 새들의 보금자리다.

상영정은 금란정 옆에 있는 정자로 상영계원들이 지은 정자이다.

경호정은 금란정 옆에 상영정과 나란히 있으며

창랑정은 석란정과 나란히 있다가 석란정은 2017. 화재로 소실되었다. 이사고로 소방관 한분이 순직하였다.

호해정은 해운정과 김시습 기념관 사이 뒷 산 정상에 있으며 태허정이라고도 한다. 호해정은 신만의 증손 진사 신정복이 1750년에 건립한 것이다.

취영정은 강릉 씨마크 호텔 남쪽 언덕아래 있으며 취영계원들이 지었다.

30 누정과 당호의 명칭

◈ 방해정(강원도 유형문화재 제50호)은 경포호수 가운데에 있는 월파정이 한 눈에 들어오고 호수 건너편 초당의 송림이 펼쳐진 곳에 자리 잡고 있다.

"방해정"이라는 현판 글씨는 120년 전 "서승보"가 쓴 것이며 "홍장암"이 바로 앞에 놓여있다.

삼국시대 고찰 인월사(印月寺)가 있던 곳에 세워졌는데 "임영관" 건물의 일부를 이건하여 증수하였다고 한다. 철종 때 선교장의 후손 이봉구(통천군수)가 관직에서 물러나 1859년에 손님 접대용으로 지었다고 한다.

예로부터 당호 또는 정자 이름을 짓거나 대문을 만들고 묘비를 세울 때 관습이나 규정을 따른 것으로 알고 있다.

월드컵 축구경기를 유치하던 해 성덕초등학교 쪽에서 강릉 역으로 들어오는 다리를 놓았는데 성덕교와 옥천교라는 다리이름 때문에 강릉시의회에서 논쟁이 격화되어 엉뚱하게 월드컵교로 명하였단다.

다리의 명칭은 통상 만들거나 세운 주체명이나 필요에 의해 만들어진 취약지구의 명칭을 따른다. 그렇다면 성덕교라고 해야 옳다.

이처럼 정자들의 명칭을 각기 개성이 있게 지었지만 조선시대 건축물 명칭을 어떻게 붙였는지 그 관례를 살펴보자.

가옥(집)의 명칭을 살펴보면 堂, 軒, 齋, 壯, 宅, 屋 을 붙이고 있으며 업무를 보기위한 집의 명칭은 館, 社, 廳, 部, 署, 校, 軒을 붙이고 있다.

제례를 지내기 위해 지은 집은 廟(종묘), 祠(현충사),壇(어제단)을 붙이고 있다.

이처럼 건축물의 명칭을 붙인 관례를 하나하나 상세히 살펴보면 다음과 같다.

◈ 높은 곳에 사방을 볼 수 있게 벽이 없이 지은 정자는 “臺”를 붙인다.
 (경포대, 의상대, 을밀대)

◈ 자연친화적이며 풍류를 즐기기 위해 지은 정자는 명칭에 “亭”을 붙인다.
 (활래정, 금란정, 해운정, 한송정, 환선정)

◈ 개방된 지주층 위에 이층으로 지은 정자는 명칭에 “樓”를 붙인다.
 (광한루, 죽서루, 촉석루, 수루, 경회루, 운조루)

◈ 공적인 업무를 위해 대청이나 마루가 있는 집은 명칭에 “軒”을 붙인다.

(동헌, 오죽헌과 난설헌은 당호이다)

◈ 독서나 학문을 연구하기 위해 지은 집은 명칭에 "齋"를 붙인다.
(낙선재, 수강재, 동재, 서재)

◈ 존경을 받거나 업적이 있는 사람의 집은 명칭에 "堂"을 붙일 수 있다.
(양진당, 충효당, 임경당, 이설당, 애일당, 사임당)

◈ 숙식을 하는 여관으로 지은 집은 명칭에 "院"을 붙인다.
(홍제원)

◈ 신이나 부처를 모시는 집은 명칭에 "寺"를 붙인다.
(낙산사, 보현사, 굴산사)

◈ 장서나 물건(종)을 보관하는 집은 명칭에 "閣"을 붙인다.
(규장각, 보신각, 종각)

◈ 유교 또는 사찰의 교육기관으로 지은 집의 명칭은 "院"을 붙인다.
(도산서원, 병산서원, 소수서원, 오봉서원, 자비원)

◈ 왕과 왕비 그리고 부처님을 모시는 집은 "殿"을 붙인다.
(근정전, 강녕전, 교태전, 대웅전, 약사전)

◈ 임금의 가속(대비, 왕비, 왕자, 공주 등)이 사는 집은 "宮"이라 한다.
(경복궁, 창경궁, 덕수궁, 동궁)

◈ 임금님을 보좌하며 일을 돕는 집의 명칭은 다음과 같다.
  * 임금이 업무를 보는 집은 "殿"이며 "전하" 라고 칭한다.
  * 삼정승이 업무를 보는 집을 "閤"이라 하며 "합하"라 칭한다.

* 육조판서가 업무를 보는 집을 "閣"이라 하며 "각하"라 칭한다. 요즈음 우리는 각 부처 장관을 각료라고 한다. 그런데 우리는 한때 대통령을 "각하"라고 칭했다. 일본인들이 우리나라의 임금을 각하라고 했던 것을 의미도 모르고 따라서 했던 것 같아 안타깝다.

일본인들이 왜 그랬을까? 저들의 왕은 천황이었으니 ...

방해정

31 강릉의 유래

강릉시민이면 알아야할 내용이다.

한가할 때 강릉시민이라면 강릉의 명칭 유래를 살펴보아야겠다.

◆ 기원전 - 예맥 족이 살던 예국 (부족국가 시대)

◆ 127년 이후 - 창해, 임둔 (상고시대)

◆ 313년 고구려 미천왕 이후 - 하슬라(물이 거문고처럼 아름답게 펼쳐진 곳)

◆ 639년 선덕여왕 이후 - 북소경

◆ 658년 무열왕 이후 - 하서주

◆ 757년 경덕왕 이후 - 명주(명주도독부-9군 25현 관할-명칭을 한자로 개칭)

◆ 936년 태조 왕건 이후 - 동원경(임영관-우계,연곡 두 개의 현 관할)

◆ 260년 고려 원종 이후 - 경흥도호부, 강릉부(충열왕). 강릉삭방도(공민왕), 강릉도(우왕)

◆ 1389년 고려 공양왕 이후 - 강릉 대도호부, 임영(큰바다를 품

은 곳)이라고 함

◆ 1789년 조선 정조대왕 이후 – 강릉 부

◆ 1896년 조선 고종황제 이후 – 강릉 군

◆ 1931년에 일제 때 강릉면이 강릉군으로 승격

◆ 1955년에 강릉읍,성덕면,경포면(북평면)을 병합 강릉시로 승격

◆ 1995년에 강릉시와 명주군 옥계면과 주문진, 강동면, 구정면, 성산면, 왕산면, 사천면, 연곡면을 통합한 강릉시가 되었다.

강릉은 본래 동예이자 남 말갈, 예국(濊國)의 땅으로 하슬라(河瑟羅)라고 불렀다. 일대가 비옥해 살기 좋았다고 하며, 신라 지증왕 때(506년) 고토를 회복하여 이사부가 점령하면서부터 하슬라라고 하였다고한다.

고구려는 이곳을 하서량(河西良) 또는 하슬라(河瑟羅:물이 아름답게 여러 군데 펼쳐진 곳)라고 하였고 예국을 속국으로 삼아 이곳을 지배했다.

639년 신라가 이곳을 점령하고 (신라 선덕여왕 8) 소경(小京)으로 삼아 북빈경(北濱京)이라 하여 사신(仕臣)을 두었다. 658년(신라 태종 무열왕 5년) 무열왕이 "이곳은 말갈과 인접해 있다"라는 이유로 소경을 폐지하고 하슬라주를 만들어 도독을 파견하였으며 757년(경덕왕 16) 명주(溟州)로 개칭하였다가 776년(혜공왕 12)에 신라로 복구하였다. 고려 태조 때 명주로 다시 개칭되고, 성종 14년(995) 삭방도(朔方道)의 행정 중심지로 함경 남북과 영동 일대와 영서의 춘천 이북 등지를 관할하였다. 1178년 이를 폐하고 함남과 명주군 일

대를 임해(臨海) 명주라 개칭하고 원종 4년(1263) 강릉도라 고쳤으며, 그 후 다시 함남 쌍성(雙城)지방과 합하여 강릉삭방도라 하였다.

공양왕 때 함경도를 분리하고 강릉도라 다시 칭하였지만 강릉이 언제나 행정과 군사의 중심지로 되어 왔다. 조선초에는 원양도(原襄道)·원춘도(原春道)라 칭하다가 세종 5년(1423) 강원도라 하고 춘천부와 강릉부로 나뉘었다. 이듬해 1부가 폐지되어 행정 중심을 춘천에 옮기고 강원도를 관할하게 되었다.

강릉시청 청사

강릉관아

32 충주에서 온 배다리 집

배다리 통천집은 강릉과 아무런 연고 없이 충주에서 강릉으로 이사 온 것이 아니다.

나는 이강백씨와 친분이 있으며 평상시 배다리 집에 대하여 관심이 많았다.

1703년 이내번과 이태번의 형제가 어머니와 함께 강릉으로 오게 된 연유는 이태번의 어머니친정이 강릉 오죽헌이었기 때문이다.

즉 이태번의 아버지는 효령대군의 10세손인 이주화였는데 일찌기 돌아가셨다. 시댁생활이 어려워지자 이태번의 어머니(권시홍의 딸)는 아들 둘을 데리고 고향 친정으로 오게 되었다.

선교장의 가계를 보면 이주회 - 이내번 - 이시춘 - 이후 - 이용구(사촌 이의범 - 통천부사) - 이회숙(동생 이회원 - 강릉부사) - 이근우 - 이돈의(동생 - 이현의) - 이기재(강릉시장) - 이강룡(동생 - 이강백) 으로 내려온다.

그리고 이기재의 아버지 이돈의에 동생 이현의(배다리집 작은집)에 자제분 이기서(열화당 사장)가 있다.

또한 배다리집은 통천부사를 지낸 이의범 때문에 통천 집이라는 택호를 가지게 되었으며, 그 이후로 배다리 이통천집이라 부르게 되었다.

방해정은 이의범이 낙향하여 손님접대를 위해 지은 정자이다.

배다리 통천집과 오죽헌의 관계를 살펴보자.

오죽헌은 본시 최치운(조선 태종 때 이조참판, 강릉 12향현)이 살던 집으로 최치운은 사위 이사온에게 물려주었다. 이사온은 사위 신명화(사임당의 아버지)에게, 신명화는 사위 권화에게 물려주었으며, 권화의 아들 권처균이 집 앞뜰의 오죽대가 있어 오죽헌이라 칭하여 이때부터 오죽헌이라 불리게 되었고 권시홍(권처균의 증손자)의 딸이 이주화와 결혼하였다. 그러니까 오죽헌이 이주화의 처갓집이고 이주화는 선교장 이내번의 아버지며 이내번은 효령대군의 손으로 이 지역에서 염전사업을 허가 내어 큰돈을 벌었다고 전해지고 있다.

그리고 경포호주변 늪지대를 개간사업으로 농토를 넓혔으며 영동지방 일대(울진-양양까지)의 땅을 많이 소유한 대 토호였다.

어머니 말씀에 의하면 가을이 되면 영동지방 남북일대 신작로엔 소작인들이 우마차에 소작대금으로 곡식을 싣고 한 달간 줄을 이었다고 한다. 그리고 곡식을 보관하기위해 南倉은 망상에 北倉은 양양에 곡물창고를 두고 춘궁기에 곡창을 열어 농민들에게 나누어주었고, 흉년이 들면 규휼로 덕을 쌓았으며, 일제강점기 때는 동진학교를 세우고 이시형선생과 여운형선생을 모시고 무료로 영동지방 청소년들의 인재양성에 힘쓰다가 3년 만에 강제로 폐교되었다고 한다.

이런 연유로 전후 혼란기에 선교장은 피해를 입지 않았다고 한다.

노불리스 오불리즈가 우리 마음에 와 닿는다. 이웃을 살피며 살아야겠다.

선교장 구휼

김동명 생가

33 김동명의 고향 사천

강릉 사천면 노동리에 가면 높이 솟은 김동명 시인의 기념비가 보인다. 잘 알려진 시로는 파초, 수선화, 내 마음은 호수요 등을 우리는 알고 있다.

이곳에는 김동명 시인의 친척들이 살고 있다.

나는 이들 친인척 가운데 김순정씨로 부터 김동명 선생의 실감나는 이야기를 들었다. 문헌에 있는 것 보다 소중한 자료일수도 있다.

이들의 이야기(구전)는 세월에 묻혀버리면 찾을 수 없는 자료이기 때문이다.

특히 사천은 얼마 전까지 沙月이라고 했다. 그런데 향토사학자 김기설은 사천면의 원로 모임 사월회 회장(김용기님)께 沙越會로 가르쳐주어 沙月이 沙越로 둔갑해버렸다. 이곳 사천에는 김동명의 친구이자 8촌 형제간인 김순정님의 아버지께서 전하는 이야기가 있다. 김동명의 가족은 초허가 9살 때 장미전을 팔아 함흥으로 갔다고 한다. 함흥에는 일자리와 학교가 있었기 때문이었다고 한다.

김동명은 교회를 다니다가 목사님의 도움으로 일본 유학을 하였으며, 어머니가 돌아가신 후 김동명의 아버지께서 고향 沙月面 가곡리(지금의 沙川面 노동리)리에 살다가 다시 함흥의 아들(김동명) 집으로 갔다고 한다. 유학시절에도 창씨개명을 안 하였으며, 김동명은 고향에서 어릴때 사근진 바다에서 통나무를 바다에 띄우고 놀던 일, 덕실재를 넘어 시루봉 아래 경포로 장작 팔러 다닌 일, 서당에 다니던 일들이 그의 시에 담겨있다고 한다.

초허(超虛)는 어린시절 함흥으로 이사하여 영생중학교를 마친 뒤 서호진 등에서 교사를 지냈으며 일본 아오야마학원[靑山學院] 종교과에서 공부했다.

1923년 〈개벽〉에 〈당신이 만약 나에게 문을 열어주시면〉 등을 발표하여 문단에 나왔다.

첫 시집 〈나의 거문고〉(1930)를 발표할 때까지 보들레르의 영향을 받았으며 본격적인 창작활동은 1930년대 이후 이전의 퇴폐적인 시에서 벗어나 건강한 전원시를 쓰면서부터이다.

1938년 습작기의 티를 벗으면서 〈파초〉를 펴냈는데 그중 〈파초〉·〈수선화〉와 해방 뒤에 발표한 〈하늘〉에 이르기까지 자연을 빌어 조국에 대한 향수를 노래했다. 1942년 〈술노래〉·〈광인〉 등을 발표한 뒤에는 작품활동을 한동안 그만두고 목상(木商)을 하며 살았다고 한다.

그는 이재에 밝고 사업 수완이 뛰어났을 뿐 아니라, 정치적 센스도 날카로운 편이었다. 1938년께 목상(木商)을 해서 큰 돈을 번 그는 양곡 배급소를 경영하고 신탄 조합장으로 추대되기도 한다.

그는 일제 말기에 이미 일제가 패망하고 일본 사람들이 떠날 것을 예상해 흥남 역전에 많은 땅을 사두기도 한다. 광복 뒤에는 흥남시 시자치위원회 위원장직을 맡아 활동하지만, 상황이 여의치 않자 병을 핑계로 그 자리를 떠난다. 이어 그는 흥남중학교 교장직을 맡는데, 1946년 3월 13일에 함흥에서 일어난 학생 시위에 동조했다는 혐의로 교화소에 감금되었다가 풀려난다.

1946년에는 조만식이 이끄는 조선민주당에 입당해 함경남도 도당위원회 부위원장직을 맡는다. 그런데 북한의 실력자로 떠오른 김일성은 조선민주당의 당원이 10만 명을 넘어서자 조만식을 비롯한 지도부에 대한 회유와 숙청을 시작한다. 김동명은 1946년 12월에 출당 통고를 받고 집에 틀어박혀 시를 쓰며 지낸다. 1947년 4월 13일, 북한 정세가 심상치 않게 돌아가자 신변의 위험을 감지한 그는 허름한 차림에 수건 · 비누 · 면도기 등을 신문지에 싼 간편한 행장으로 단신 월남한다.

1947년 단신 월남할 때 김동명은 시 원고를 갖고 내려오지 못한다. 그의 아내는 남편의 시 원고를 옥양목 조가리에 베낀 뒤 생후 7개월째 되는 아이의 배에 감아 무사히 보존하는 기지를 발휘한다. 이렇게 해서 빛을 보게 된 시집이 1953년에 나온 『진주만(眞珠灣)』이다. 월남하여 이화여대 교수와 참의원을 하였다.

5.16혁명 이후 창작에만 힘써 강한 사회성과 고발정신이 담긴 시를 썼다.

북한의 체제를 비판한 시집 〈삼팔선〉(1947)을 펴냈고, 일제의 태평양전쟁을 비판한 시집 〈진주만〉(1954) 등을 펴내 아세아자유문학상을 받았다. 1957년 사회현실을 고발한 시집 〈목격자〉를 펴낸 뒤 4 · 19혁명을 고비로 시보다 정치평론을 주로 썼다.

참의원으로 당선되기도 했으나 5 · 16군사정변으로 정치적 뜻을 펴지 못하고 말았다. 정치평론집 〈적과 동지〉 · 〈역사의 배후에서〉(1958) 등이 있고 마지막 시집으로 〈내 마음〉(1964)이 있다.

내 마음은 호수요,
그대 노 저어 오오.
나는 그대의 흰 그림자를 안고,
옥같이 그대의 뱃전에 부서지리다.

내 마음은 촛불이요,
그대 저 문을 닫아 주오.
나는 그대의 비단 옷자락에 떨며, 고요히
최후의 한 방울도 남김없이 타오리다.

내 마음은 나그네요,
그대 피리를 불어 주오.
나는 달 아래 귀를 기울이며, 호젓이
나의 밤을 새이오리다.

"내마음"은 언제 읽어봐도 심금을 울린다.

「파초」는 남국의 식물인 파초가 우리나라 뜨락에 외롭게 서 있는 것을 보고 조국을 잃어버린 민족의 비애를 되새기게 하는 내용의 작품이다. 김동명의 대표작인 「파초」는 국어 교과서에 실리면서 널리 알려졌다.

명주군 왕릉

34 원성왕 김경신과 명주군왕 김주원

김주원은 강릉김씨의 시조다.

왜 김주원은 신라왕을 못하고 명주군왕이 되었을까?

강릉김씨 후손으로 궁금할 수밖에 없어 살펴보았다.

신라 원성왕의 꿈을 다룬 설화. ≪삼국유사≫ 권2 원성대왕조에 실려 있다. 원성왕은 신라 38대 임금으로 이름은 김경신(金敬信)이다. 처음은 이찬 김주원(金周元)이 상재(上宰)에 있고 김경신은 각간으로 차재(次宰)에 있었으나, 경신이 길몽을 얻고 그것이 원인이 되어 왕위에 오르게 되었다고 한다. 줄거리는 다음과 같다.

김경신은 꿈에 복두(襆頭)를 벗고 흰 갓을 쓰고 십이현금(十二絃琴)을 들고 천관사(天官寺) 우물 속으로 들어갔다. 사람을 시켜 해몽을 하였더니, 복두를 벗은 것은 관직에서 떠날 징조요, 금(琴)을 든 것은 칼을 쓸 조짐이요, 우물 속으로 들어간 것은 옥에 갇힐 징조라고 답하였다.

경신은 이 말을 듣고 근심하여 두문불출하였는데, 그 때 아찬(阿飡) 여삼(餘三)이 경신의 근심함을 알고 찾아와 그 꿈을 새롭게 해몽하였다. 복두를 벗은 것은 다른 사람이 공의 윗자리에 앉을 사람이 없음이요, 흰 갓을 쓴 것은 면류관(왕관)을 쓸 조짐이며, 십이 현금을 든 것은 내물왕의 십 이대 손이 대를 이을 징조이며, 천관사 우물로 들어간 것은 궁궐로 들어갈 길조라는 것이다.

이에 경신이 다시 자기 위에 주원이 있는데 어찌 윗자리에 앉을 수 있겠느냐고 묻자 여삼은 열심히 알천신(閼川神)에게 제사하면 좋은 일이 있을 것이라고 답하였다. 그 뒤 얼마 안 있어 선덕왕이 세상을 떠나니 나라 사람들이 김주원으로 왕을 삼고자 하였다.

그러나 그의 집이 알천의 북쪽에 있었으므로 갑자기 홍수가 져 냇물이 불어 건너오지를 못하였다.

그러므로 경신이 먼저 궁궐에 들어가 왕위에 올랐는데, 이가 곧 원성대왕이다. 강릉김씨 시조 전설에는 주원 공이 비가 멎은 뒤 궁궐로 달려왔으므로 원성왕이 왕위를 사양하였으나 주원은 이것이 하늘의 섭리임을 말하고 조용히 자신의 외가인 명주로 내려갔다 전한다.

周王山은 명주군왕이 명주로 올 때 잠시 머물렀던 산이라고 한다.

≪고려사≫ 악지에 전하는 〈명주가 溟州歌〉는 바로 주원의 아버지인 무월랑(無月郎)과 어머니 연화부인(蓮花夫人) 박씨 사이에 인연이 맺어지게 된 근원설화로 알려져 있다. 무월랑이 명주에 유학하면서 연화와 정을 맺은 뒤 연화가 기른 잉어가 매체가 되어 뒷날 연화로 하여금 무월랑의 아내가 되는 인연을 맺게 되었으며, 김주원은 그 아들로 강릉 김씨의 시조가 되었다는 것인데, ≪삼국유사≫에는 경신이 왕이 된 뒤 주원이 명주로 돌아가 정착하는 것으로 되어 있다.

명주군 왕릉

경신의 꿈 해몽은 〈춘향전〉에서 옥중 춘향의 꿈 해몽과도 같고, 서까래 셋을 지고 우물 속으로 든 왕건(王建)의 꿈과도 유형이 같다. 전혀 다른 각도의 해몽을 그 뒤 역사적 사실들이 뒷받침하고 있는 설화의 예는 얼마든지 있다.

경신이 왕이 되었을 때에는 여삼은 죽고 없었으므로 원성왕은 그 자손을 불러 벼슬을 주었다고 한다. 그리고 원성왕은 진실로 인생의 곤궁하고 영달하는 이치를 알았으므로 〈신공사뇌가 身空詞腦歌〉를 지었다고도 하는데 그 노래는 전하지 않아 내용을 알 길이 없다.

≪참고문헌≫ 三國遺事, 高麗史, 臨瀛誌

섬석천(아리)

35 알(아리) 이란?

영동지방 에서는 내(川)를 "알(아리)"이라고 한다.

내(알)보다 큰내(大川)를 강(아리랑)이라고 하는데 영동지방에는 강이 없는데 유일하게 강릉 강동면에 있는 2급 하천을 군선강이라 부르고 있다.

어릴 때 나는 공제마을 감나무 집 손자였다.

공제 솔밭은 저의 고조부가 뒷산에서 손수 구박에다 흙과 소나무 묘목 한그루씩을 담아다가 심어서 물을 주며 기른 송림이란다.

증조부와 조부께서 가꾸고 기른 송림은 우리가 학교에 다닐 때 "알(남대천)"과 인접해 있어 강릉 최고의 수풍장소였다.

나는 할아버지가 심어서 가꾼 이곳에서 뛰놀며 유년을 보냈다.

솔밭 앞에는 내(알)가 흐르고 있어 천혜의 자연경관 속에서 풍요롭게 자랐다.

감나무 숲에 자리한 고향집 마당 앞으로는 봇도랑 물이 흘러 어릴 때 그곳에서 물놀이를 하였다. 이 봇도랑 물이 알(아리)로 간다고 하였다.

아래(下)로 간다는 의미로도 쓰였지만 알(川)은 냇물이다.

"알"은 "아리"의 준말이며, "알아리"는 음의 연철로 "아라리"라고 한다.

영동지방의 농요 "오독떼기" 후렴에는 "아리아리 아라리요 아라리 고개로 넘어간다."라고 되어있다. 이처럼 영동지방에서는 아리랑을 "아라리"라 부른다고 학산 오독떼기 예능보유 인간문화재 故 동기달님께서 전하고 있다.

즉 "강(내)"을 선조들은 "아리랑" 또는 "아라리"라 하였다.

초등학교시절 부르던 노래가 생각난다.

"냇물아 흘러흘러 어디로 가니 넓은 세상 보고 싶어 강으로 간다."

마을의 도랑물이 "알(아리)"을 따라 넓은 세상으로 가고 있다.

밭고랑의 물이 도랑으로 가고 도랑의 물이 흘러 거랑(개울)으로 가고 거랑의 물이 큰 거랑(큰 개울)으로 큰 거랑의 물이 알(아리)로 가고 알(川)의 물은 흘러서 바다로 간다. 강릉에서는 "알(아리)"을 향찰로 한자 월(月)을 빌어다 쓴 흔적이 남아있다. 그것이 사알(沙月)이다.

"沙알"을 "沙月"이라 부르다가 沙川이 되었고, "上알"은 "上月"이라 부르다가 上月川이 되었고, "下알" 또한 下月川이 되었다. 경주 보문단지에서 흐르는 北川은 "삼국유사 권2 원성대왕조" 편에 "알천"이라 하였다. 삼척시 원덕면에는 "알천"은 지금도 "月川"이라 부르고 있다. 그러나 강릉과 양양의 "알천"은 南大川이라 부르며, 진부령에서 고성군 간성으로 흐르는 내(川)가 있는데 장신리와

강릉 남대천 하류

광산리로 흐르는 알(川)을 北川이라하며, 어천리로 흐르는 알(川)을 南川이라 부른다. 이처럼 영동지방의 알(川)은 옛 고어(순우리말)로 "아리"였나. 영동지방의 "서랑(개울)" 과 "알(川)"은 "아리랑"이 강이라는 것을 증명해주는 현존하고 있는 언어이다. 따라서 내(川)는 "알(아리)"이고, 큰 내(大川)는 "아리랑"이다. 우리조상들은 강을 "아리랑"이라고 했다는 사실을 다시는 잊지 말아야 할 것이며, 하늘, 해, 별, 달과 같은 순 우리말을 잘 보존해야 할 것이다.

홍길동전 이야기 인형(경포호 홍장암 근처)

36 허균과 홍길동전

허균은 강릉의 초당이 생가이고 외가는 사천의 애일당이다.

초당의 생가 터(허엽의 집터)는 경포고등학교 동쪽 담장에 표지석이 있었는데 난개발로 유실된 것 같아 아쉽다. 현 생가 터는 스토리텔링 된 것이다.

허균은 외가(강릉 사천 애일당)에서 태어나서 유년시절을 보낸 것으로 알려져 있으며, 6-7세때 경저(건천동 서울집)로 올라가서 살았으며, 임진왜란 동안 어머니를 모시고 처와 함께 강릉 외갓집으로 피난을 왔었다고 전해지고 있다.

허균의 호가 교산이며 교문암에 대한 향수가 글귀에 묻어나고 있기 때문에 강릉이 고향이라는 사실은 누구도 부정할 수 없다.

허균은 1569년(선조 3) 경상도 관찰사인 아버지 허엽과 둘째 부인인 강릉 김씨 사이에서 태어났다. 허균의 가문은 대대로 관료를 배출한 명문가로 아버지 역시 뛰어난 학자였다.

허엽은 첫 번째 부인이 1남 1녀를 낳고 요절하자 두 번째 부인을 들여 2남 1녀를 낳았는데 그 막내가 허균이었다.

허균이 열두 살에 아버지 허엽이 세상을 떠나고 큰 형인 허성이 집안을 책임지게 되었다. 형제자매들은 모두 문학적인 재주가 뛰어났다.

특히 허균은 아홉 살 때부터 시를 지었고, 허난설헌으로 알려진 누나 허초희도 뛰어난 문장가였다. 그는 특히 누나와 사이가 좋았는데 누나가 시집을 가자 매우 적적해하며 더욱 시 짓기에 매달렸다고 한다.

허균은 처음에는 유성룡에게 배우다가, 나중에는 둘째 형의 친구인 손곡 이달에게서 배웠다. 이달은 비록 서자 출신이기는 했으나 이름난 시인이었다.

그러나 첩의 자식은 과거를 치를 자격이 주어지지 않는다는 서얼금고법(庶孼禁錮法) 때문에 과거를 볼 수가 없었다. 이달은 가끔씩 자신의 처지를 비관하며 술에 취해 울분을 터뜨리고는 했다.

그런 스승을 보면서 허균은 조선 사회의 불합리함에 대해 느낀 바가 컸을 것이다. 이러한 생각은 훗날 그가 《홍길동전》을 쓰는 데 많은 영향을 미친 것으로 보인다.

허균은 21세에 생원시에 급제하고 26세에 정시(庭試)에 합격하여 승문원 사관으로 벼슬길에 오른 후 삼척부사 · 공주목사 등 관직을 제수 받았으나 반대자의 탄핵을 받아 파면되거나 유배를 당했다.

그후 중국 사신의 일행으로 뽑혀 중국에 가서 문명을 날리는 한편 새로운 문물을 접할 기회를 갖게 되었다. 한때 당대의 실력자였던 이이첨과 결탁하여 폐모론을 주장하면서 왕의 신임을 받아 예조참의 · 좌찬성 등을 역임했으나, 국가의 변란을 기도했다는 죄목으로 능지처참을 당했다. 역적으로 형을 당한 까닭에 그의 저작들은 모두 불태워지고 〈성수시화 惺叟詩話〉·〈학산초담 鶴山樵談〉·〈성소부부고 惺所覆藁〉 등 일부만이 남아 전한다. 그는 학론(學論)·정론(政論)·유재론(遺才論)·호민론(豪民論)의 논설을 통해 당시 정부와 사회의 모순을 비판하고 개혁방안을 제시했다. 문인으로서 그는 소설작품·한시·문학비평 등에 걸쳐 뛰어난 업적을 남겼다.

문집에 실려 있는 그의 한시는 많지는 않지만 국내외로부터 품격이 높고 시어가 정교하다는 평을 받는다. 시화(詩話)에 실려 있는 그의 문학비평은 당대에는 물론 현재에도 문학에 대한 안목을 인정받고 있다.

그의 작품으로 전하는 〈홍길동전〉은 그의 비판정신과 개혁사상을 반영하는 것으로서, 적서차별로 인한 신분적 차별을 비판하면서 탐관오리에 대한 징벌, 가난한 서민들에 대한 구제, 새로운 세계의 건설 등을 제안했다. 〈엄처사전〉·〈손곡산인전〉·〈장산인전〉·〈장생전〉·〈남궁선생전〉 등은 그가 지은 한문소설인데, 여기서는 주로 세상에 알려지지 않았으면서도 의미 있게 살아간 사람들을 주인공으로 하여 그들의 남다른 삶의 모습과 사상을 기술했다.

《홍길동전》을 통해 허균은 당대에 명문장가로서 정치인으로써 부패한 사회와 정치현상을 제도의 개혁을 통해 자신이 바라던 이상사회를 이루고자 노력했던 개혁 사상가였다. 우리국민 모두는 이 시대에 훌륭한 정치지도자를 바라는 마음이 간절하다.

홍길동전 인형거리(경포호 홍장암 근처)

37 율곡선생과 몽룡실

오죽헌은 율곡선생이 태어난 곳이다.

이곳은 박정희 대통령께서 국민정신교육 차원에서 우리나라에 존경받는 인물 네 분(세종대왕 -여주영릉, 이순신 - 아산현충사, 퇴계이황 - 안동, 율곡이이 - 강릉오죽헌)을 찾아 성역화사업을 하였다.

그리고 이를 바탕으로 튼튼하게 다져진 국민정신교육을 통하여 새마을 운동을 전개함으로써 세계 20개 국 안에 들어가는 경제대국을 만들어놓았다.

유신이라는 오점을 남기고 불행하게 돌아가셨지만 누가 뭐라 해도 박정희 대통령은 역사에 남을 인물이다.

세종대왕 이래 최고의 인물이라 감히 주장한다.

교육이 백년대개라는 말이 틀림없다.

국민의 정신이 국운을 좌우하기 때문이다.

일제 앞에서도 선각자들은 교육을 중시하였다.

강릉에는 율곡선생과 신사임당이 태어난 곳이기에 나는 더욱 행복하다.

율곡선생의 본관은 덕수(德水). 자는 숙헌(叔獻), 호는 율곡(栗

谷)·석담(石潭)·우재(愚齋). 아버지는 증 좌찬성 이원수(李元秀)이며, 어머니는 현모양처의 사표로 추앙받는 사임당 신씨(師任堂申氏)이다. 아명을 현룡(見龍)이라 했는데, 어머니 사임당이 그를 낳던 날 흑룡이 바다에서 집으로 날아 들어오는 꿈을 꾸었다 하여 붙인 이름이다. 그 산실(產室)이 몽룡실(夢龍室)이다.

율곡이란 호는 파주 율곡리에서 살았기 때문이다. 선생은 8세 때 파주 율곡리에 있는 화석정(花石亭)에 올라 시를 지을 정도로 문학적 재능이 뛰어 났다. 1548년(명종 3) 13세 때 진사 초시에 합격하였다. 1551년 16세 때 어머니가 돌아가자, 파주 두문리 자운산에 장례하고 3년간 시묘(侍墓)하였다. 그 후 금강산에 들어가 불교를 공부하고 1555년 20세 때 하산해 다시 유학에 전심하였다.

1557년 성주목사 노경린(盧慶麟)의 딸과 혼인하였다.

1558년 봄 예안(禮安)의 도산(陶山)으로 이황(李滉)을 방문했고, 그 해 겨울의 별시(문과 초시)에서 「천도책(天道策)」을 지어 장원하였다. 전후 아홉 차례의 과거에 모두 장원해 '구도장원공(九度壯元公)' 이라 일컬어졌다. 1561년 아버지가 돌아가셨다.

1564년 호조좌랑을 시작으로 예조좌랑·이조좌랑 등을 역임하고, 1568년(선조 1) 천추사(千秋使)의 서장관(書狀官)으로 명나라에 다녀왔다. 부교리로 춘추기사관을 겸임해 『명종실록』 편찬에 참여하였다. 이 해에 19세 때부터 교분을 맺은 성혼과 '지선여중(至善與中)' 및 '안자격치성정지설(顔子格致誠正之說)' 등 주자학의 근본 문제들을 논하였다. 1569년 임금에게 「동호문답(東湖問答)」을 지어

올렸다.

1572년 파주 율곡리에서 성혼과 이기(理氣) · 사단칠정(四端七情) · 인심도심(人心道心) 등을 논하였다. 1574년 우부승지에 임명되고, 재해로 인해 「만언봉사(萬言封事)」를 올렸다. 1575년 주자학의 핵심을 간추린 『성학집요(聖學輯要)』를 편찬했다. 1577년 아동교육서인 『격몽요결(擊蒙要訣)』, 1580년 기자의 행적을 정리한 『기자실기(箕子實記)』를 편찬했다.

1582년 이조판서에 임명되고, 어명으로 「인심도심설(人心道心說)」을 지어 올렸다. 이 해에 「김시습전(金時習傳)」을 쓰고, 『학교모범(學校模範)』을 지었으며, 1583년 「시무육조(時務六條)」를 올려 외적의 침입을 대비해 십만양병을 주청하였다. 1584년 서울대사동(大寺洞)에서 영면하여, 파주 자운산 선영에 안장되었다.

그런데 강릉 사람으로 아쉬움이 있다면 왜 율곡 선생께서는 고향인 강릉의 후학을 기르는데 소홀히 했을까하는 것이다.

앞으로 우리는 후배양성에 노력을 해야겠다.

대관령 옛길 입구

38 대관령 반쟁이

나는 초등학교 4학년 때 아버지를 따라 대관령 반쟁이에서 국사 성황당 까지 걸어서 왕복을 했었다. 정상에 오르니 강릉이 훤히 내려다보이던 그때 기억이 새삼스럽다.

그리고 우리조상 할아버지 산소가 대관령 정상에서 능선을 따라 조금만 올라가면 있었는데 가시머리 산소라고 하였으며, 몇 대조 할아버지 인줄 모르지만 이 지역 군 사령관을 지내신 중군 할아버지라고 하였다.

대관령이라는 명칭은 대령, 단대령등 몇 개가 전해지고 있으나 고개가 높고 험준하여 오르내릴 때 '대굴대굴 구르는 고개'라는 뜻으로 '대굴령'이라고 불렀다고 한다. 지금은 영동 지방의 '큰 관문에 있는 고개'라는 의미를 담고 있는 대관령을 쓰고 있다.

대관령 옛길은 조선 중종 때 강원도 관찰사 高荊山(고형산)이라는 사람이 사재를 털어 길을 넓혀 한양 가는 길을 편리하게 하였다고 전해진다. 강릉 사람들이 걸어서 넘나들던 정취를 맛볼 수 있는 길이며 정상에서 내려다보는 강릉의 관경은 장관이다. 특히 야경은 더욱 볼만하다.

대관령은 예로부터 태백산맥을 넘어 영동과 영서를 연결하는 관문이다.

이 일대는 황병산, 선자령, 노인봉, 발왕산에 둘러싸인 고지대로 평탄한 구릉으로 형성되어있어 고랭지 농업의 산실이다.

고개의 굽이가 99개에 이른다고 하여 아흔 아홉 구비라고도 한다.

대관령을 분수령으로 하여 동쪽으로는 남대천과 오십천이 동해로 흘러들며, 서쪽에서는 송천의 지류가 발원하여 남한강에 흘러든다.

연평균기온이 약 6.6℃ 내외, 1월평균기온 −7.7℃ 내외, 8월평균기온 19.1℃ 내외로 봄 · 가을이 짧고 겨울에 적설량이 많다.

또한 여름이 서늘하며, 무상기일이 짧아 9월에 서리가 내리고 얼음이 언다. 서늘한 기후에서 재배되는 고랭지채소와 씨감자의 산지로 유명하며, 넓은 초지를 이용하여 소 · 양 등을 사육하는 목장이 있다.

2018 동계 올림픽이 열렸으며, 정상에는 영동고속도로 준공 기념비가 세워져 있다.

지금도 여름에는 가끔 대관령 정상에서 시원한 바람에 땀도 식히고 밤에는 누워서 별도보고 강릉야경도 보며 즐기다가 내려오곤 한다.

39 보현사와 대궁산성

보현사가 있는 곳을 강릉에서는 절골 또는 삼왕 보괭이라고도 한다.

보현사는 강릉지방에서 가장 오래된 사찰로 고려 초 굴산종(선종)의 원조 굴산사의 말사로 낭원대사가 창건한 것으로 전해지고 있으며, 낭원대사탑비(보물 제 192호)가 있다.

절골은 보현사 때문이고, 삼왕은 3대의 명주군왕 능을 모신 곳이기 때문이며, 마을이름 또한 보현사 때문에 보광리라 부르고 있다.

천년의 쉼터 마음의 고향 강릉 보현사 뒷등에는 "대공산성" 강원도 기념물 제28호가 있는데, 이것을 가까운 곳에 보현사가 있어 보현산성(普賢山城)이라고도 한다.

5세기 이전에 이 지역은 고구려 영역이었고 백제는 이곳까지 힘이 미칠 수 없었으며, 조선시대 지리지들이 보여 주는 보현사의 존재와 관련한 명칭으로 보아 보현산성이 더욱더 타당성 있어 보인다.

한편, 산성에 대한 옛 기록은 『세종실록지리지(世宗實錄地理志)』에 처음 보이며 '파암산석성(把巖山石城)' 으로 기록하고 있다.

그 후의 지리지 기록에서는 모두 '보현산성(普賢山城)' 으로 기록되어 있으나, 『문화유적총람(文化遺蹟總覽)』에서는 '대공산성(大公

山城)' 으로 기록하였다.

그렇기 때문에 『문화유적총람(文化遺蹟總覽)』에서 이 성을 '대공산성(大公山城)' 으로 칭한 것은 오류라고 생각된다. 이를 인정하고 비판 없이 문화재지정 명칭으로 삼은 것도 잘못이며 바로잡아야 할 것이다.

보현사(普賢寺)가 신라 말 굴산사의 말사로 개창된 후 본 산성이 위치한 산의 명칭이 보현산으로 불렸으며, 이에 따라 모든 지리지들이 '보현산성' 으로 기록하고 있는 것이다. 물론 보현사와 깊은 관련이 있는 성곽은 아니라 할지라도 그렇게 부르는 것이 타당할 것으로 판단된다.

보현산성 위치는 강릉시에서 서쪽으로 약 20km 지점에 위치한 높이 2m, 둘레 3km 정도의 석성(石城)이다. 보현사에서 서북 방향 약 2km지점, 해발 1,131m의 곤신봉(坤申峰)에서 동북 방향으로 약 1.5km 지점에 위치해 있다. 노인봉에서 곤신봉, 능경봉으로 이어지는 태백산맥에서 동쪽으로 돌출된 944m의 보현산에 타원형으로 축조되어 있다. 이 성은 남쪽의 제왕산성, 동남 방향의 칠봉산성, 명주성 등에 둘러싸인 고대산성의 거점 성으로 판단된다.

전체적으로 동북에서 서남 방향으로 길쭉한 타원형의 평면 모양을 하고 있으며, 성벽은 두께 40×50×20㎝ 정도의 돌로 쌓았고, 높이 1.5~2.5m, 상부 폭 1.5m, 하부 폭 7m 정도로 축조하였다. 성 전체 모양은 남서에서 북동으로 길고, 북서에서 남동이 좁은 형태이다. 북동의 동문지로 보이는 곳은 성안의 물이 흘러내리는 수구(水口)

보현사 입구(남원대사오진탑비)

이며 성내(城內)의 가장 낮은 지역이다. 남문지 근처에 망루대지가 있으며 남동쪽으로 폭 약 5m, 길이 79~97m의 치성 끝에도 망루대지가 있는 것으로 보아 이 산성의 방어 정면이 남쪽이 아닌가 생각된다. 그리고 대공산성은 남고북저형의 지형에 축조되었으며, 현재 성벽도 동남 방향으로 잘 남아 있으며 북벽은 붕괴되었다.

이러한 정황으로 보아 이 산성은 신라와 고구려와의 무력 충돌이 빈번했던 5세기경에 축조된 것으로 추정되기도 한다.

성의 중심에서 북쪽지역 저지로 내려간 곳에 우물 2곳이 있고, 남쪽의 우물물이 북서쪽으로 흘러내리고 그 위 북쪽에 건물지로 추정되는 곳이 있다. 성의 정문으로 생각되는 동문 근처에 석원(石垣)을 갖춘 우물이 있으며, 성안의 수원은 풍부하며 우물 근처에 일부 늪지대가 있다. 동문 입구에 2m 간격으로 주초석이 앞쪽에 있는데 95×104㎝의 장방형 석재이다. 석재는 성문 안쪽에서 22㎝ 정도에 2개의 둥근 문추공(門樞孔)이 있는데 지름 25㎝, 깊이 3~5㎝ 이며 바깥쪽으로 가로 17㎝, 세로 9㎝, 깊이 3㎝의 네모진 구멍이 2개씩 있어 성문 시설이 있었던 것으로 보인다. 성 안에는 건물지로 보이는 평탄지가 곳곳에 있으며, 평탄지에서는 고려~조선시대의 것으로 보이는 많은 양의 토기편과 와편, 백자편, 그리고 청자편도 일부 산재해 있다.

그리고, 고대사 속에 이 성곽의 비밀을 완전히 알 수는 없지만, 강릉 지역의 가장 오랜 산성이며 영동과 영서를 잇는 대관령 지역에 축조되었던 의미 있는 고대 산성으로서 계속 연구되어야겠다.

40 월정사의 묘답 월호평

강릉에는 월정사의 묘답이 있다.

이곳을 월호평이라고 하는데 그 의미는 월정사의 호랑이(고양이) 땅이라하여 붙여진 이름 즉 묘답이다.

상원사의 묘답이지만 상원사가 월정사의 말사이므로 이 땅을 월정사의 "월"과 호랑이(고양이)의 "호" 그리고 답이라는 "평"을 합쳐 "월호평"이라한다. 상원사 문수전 앞에는 사연이 있는 조각상이 있는데, 계단 왼쪽에 한 쌍의 고양이로 보이는 석상이 그것이다.

고양이 석상과 관련되어 전해 오는 상원사만의 이야기가 있다.

세조의 욕창을 고쳐준 사연으로 이듬해 상원사를 찾았을 때 일이다.

예불을 드리려고 문수전을 들어가려는 순간 고양이 한마리가 세조를 따라 들어갔다고 한다. 문수보살상 뒤로 들어간 고양이가 화들짝 놀라며 뛰어나오자 인기척이 있다고 이상히 여긴 세조는 병사들을 풀어 법당 안을 조사하게 했더니 불상 뒤에 있던 자객 셋이 발각되어 화를 면하게 되었다고 한다.

세조는 이를 기려 고양이를 위해 제사지내라고 강릉에서 가장 기름진 논 5백 섬지기를 절에 하사하였다고 한다. 이 땅이 "월호평"이다.

월호평(묘답)

공양미라는 말도 즉 고양이를 위해 바치는 쌀의 뜻이 바뀐 것이라는 설도 이 이야기 때문에 나온 것이라 한다. 고양이 논, 고양이 밭이라는 뜻의 묘전, 묘답이 이때 생긴 말이라고 한다. 고양이가 영물이므로 죽이지 말라는 것도 이때부터 내려왔다는 이야기도 있다.

세조가 직접 명을 내려 아무도 고양이를 죽이지 못하게 했다고 한다.

얼마 전 까지도 강릉 어리미(유산동) 사람들은 월정사 묘답의 소작농을 하였다. 강릉사람들도 잘 모르는 이야기다.

하찮은 것도 기록하며 살아야겠다.

41 애일당과 이설당 형제

모래내(沙月)를 따라 진리로 가다보면 너다리 벌판이 펼쳐지고 오른쪽으로 나지막한 산주령이 동해로 뻗다가 교산에서 멈추는 순간 교문암이 동해바다를 향해 고개를 쳐들고 있다.

애일당의 집터는 사천면 하평리(교산 시비가 있는 산 아래)가 아니라 강릉시 사천면 사천진리 목재길 17-3에 자리 잡고 있었던 것으로 전해지고 있으나 정확히 알 수가 없다. 그런데 애일당은 김광철의 당호이며 아침해를 맞이할 수 있는 집터라고 전해오고 있다. 때문에 목재길 17-3에 자리 잡은 고택 박남규가옥(박인규교장 큰집)이 애일당 집터로 추정된다. 또한 그 뒷산이 허균의 호로 불리는 교산이다.

교산에 오르면 동해에 떠오르는 일출이 장관이었다고 한다.

김광철은 1488년에 출생하여 중종 8년 1513년에 대과에 급제하여 홍문관에 출사한 이후, 이조참의, 예조참판, (밀양,전주,안동)부사를 두루 거치고 내직으로 판서를 권유 받았으나 사양하고 전라감사로 봉직, 을사사화를 면하고 고향 강릉 沙月里로 낙향하여 동생 이설당과 어머니를 모시고 살다가 명종5년 경술년 63세로 졸하였다. 애일당은 딸이 둘 있었는데 정부인 안성이씨 슬하에 1녀를 두었고 후배 청주양씨에게서 1녀를 두었다. 안성이씨의 딸은 심언광의 아들 심운과 혼인하고, 청주양씨의 딸은 허엽의 재취자리로 혼인을 하여 허봉(1551~1588)과 허초희(1563~1589), 허균(1569~1618)을 낳았다.

김광진(이설당)은 애일당 김광철의 아우이다.

이설당은 배나무 숲에 있던 정자이름인데 배꽃이피면 눈처럼 희다고 해서 붙여진 이름이라고 한다.

연산 3년 1494년에 출생하여 중종 20년 1526년에 문과 대과에 급제하여 사간원에 출사이후, 황해도관찰사, 병조참판등 관직을 두루 거치고 고향 사월리로 낙향하여 형님이신 애일당과 함께 어머니를 모시고 살다가 1572년 76세로 졸하였다. 효심은 언제 봐도 아름답다.

두형제분이 대과에 급제한 보기 드문 강릉 명문가의 일화이다.

애일당 집터

42 바다에 누운 부처

경북 울진군과 울릉도가 한때는 강원도였듯이 휴휴암도 6.25 직전까지강릉 명주군이었다.

강릉으로 관광을 오거나 귀한 손님이오면 그곳을 권하거나 안내를 한다.

아름답고 가볼만한 곳이기 때문이다.

삼십여 년 전 이야기다.

갈대숲이 우거진 언덕에 초라한 찻집 "언덕 위에 바다"가 있었다.

가끔 바다를 내려다보고 차 한 잔하고 싶으면 찾던 곳이다.

언제부턴가 스님 한분이 이곳을 가끔 찾는다는 이야기를 들었다.

그분이 홍법스님이었다.

홍법스님께서는 사찰을 창건하려는 혜안이 대단하신 분이였던 것 같다.

우리는 그냥 조용하고 아름다운 곳이라 차 한 잔 마시러 갈 뿐이었지만 스님께서는 바다에 누운 돌부처(휴휴암)와 거북이가 화현한

남순동자, 그리고 둥근 너래 바위 연화암을 불자들과의 인연으로 이어주는 깊은 생각으로 경전의 말씀을 읊고 계셨던 것이다.

이것은 사찰을 많이 창건한 의상대사의 경지가 아니겠는가?

사찰을 창건한다는 것은 쉬운 일이 아니다.

더구나 자연의 현상을 불경이 깃든 세계로 형상화 했다는 것이다.

따라서 수많은 불자들이 바다에서 쉬고 있는 부처(휴휴암)를 보려고 찾아오는 긴 행열은 연연히 지금까지 끊어지지 않고 있다.

휴휴암이란 ?

바다에 누운 돌부처이다. 부처님이 바위가 되어 바다에 누워 쉬는 모습이라서 홍법스님께서 "휴휴암"이라 명명 하셨다고 한다.

휴휴암을 향해 거북바위가 화현하여 부처님을 향해 예불을 드리는 남순동자의 모습은 자연이 부처님의 경전을 전하는 아름다운 조화이다.

더구나 연화암에 방생한 우럭 떼는 장관이다.

휴휴암은 1999년 묘적전을 시작으로 불사에 매진한 스님의 노고로 다라니 굴법당과 지혜의 관세음보살상, 범종루등 많은 불사를 하셨다.

불교를 전파하는 영동지방의 자랑거리가 아닐 수 없다.

휴휴암

43 초당마을과 허엽

허엽의 호가 초당이다. 그래서 초당이라는 사람들이 있다.

초당 마을은 허엽의 호에서 붙여진 것이 아니라 초당마을의 명칭을 허엽이 호로 빌려 쓴 것이라고 보는 것이 정설이다.

본관은 양천. 자는 태휘(太輝), 호는 초당(草堂). 아버지는 군자감부봉사(軍資監副奉事) 한(瀚)이다. 아들 성(筬)·봉(篈)·균(筠), 딸 난설헌이 모두 당대의 문장가로 명성이 높았다. 서경덕과 이황(李滉)에게서 수학했다.

1546년(명종 1) 식년문과에 급제했다. 1551년 부교리를 거쳐, 1553년 사가독서한 뒤 장령으로 재직중 재물을 탐했다하여 파직되었다. 1559년 필선에 임명되었으며 이후 대사성·지제교·동부승지 등을 역임했다. 1562년 경연에서 기묘사화 때 죽은 조광조(趙光祖)의 신원을 청하고, 윤근수(尹根壽)·구수담·허자(許磁) 등의 무죄를 주장하다가 다시 파직 당했다. 1568년(선조 1) 진하사로 명나라에 다녀온 뒤 대사간·부제학·경상도관찰사를 역임했다.

1575년 동서분당이 본격화될 때 김효원(金孝元) 등과 함께 동인의 영수가 되었다. 그 후 병으로 인해 동지중추부사로 옮겼다가 상주

안초당 마을

에서 객사했다. 관직에 있는 동안 도산서원의 건립을 지원하고 향약의 실시를 건의하는 등 주자학의 보급에 힘썼고, 김정국(金正國)이 찬수한 〈경민편 警民篇〉의 보완과 〈삼강이륜행실도〉의 편찬에도 참여했다. 청백리에 등록되었고, 개성 화곡서원(花谷書院)에 제향되었다.

저서로 〈초당집〉·〈전언왕행록 前言往行錄〉 등이 있다.

허엽의 후처(애일당의 후배 청주 양씨의 딸)의 친정인 애일당의 터는 사천진리의 교산 아래 양지바른 곳(사천진리 목재길 17-3)으로 알려져 있지만 정확히 알 수가 없다. 그리고 옛날에는 대부분 친정에서 아이를 낳았으니 허봉이나 허초희, 허균이 태어난 곳은 사천진리의 애일당으로 전해내려 오고 있다.

유년시절 초희와 허균 남매는 바닷가 해변을 따라 돌섬과 교문암을 오르내리며 즐겁게 보냈을 것이다. 그렇다면 초당이 아닌 사천진리를 강릉시는 홍길동 문화유적지로 개발해야 할 것이다.

44 강감찬과 부채바위 길

안인에서 바닷길을 따라 금진으로 가는 길에 작은 포구 심곡항이 있다. 썬크루즈를 감고 돌아가는 부채길 입구이다.

깎아지른 벼랑을 따라 부채길을 걷다가보면 부채바위가 있다.

그 부채바위에 대한 전설은 다음과 같다.

대학선배님의 처가댁이 옥계면 남양리인데 장인 되시는 전규병 어른께서 들려준 이야기라며 내게 들려준 것은 전설 따라 삼천리다.

옛날 강릉사람들이 옥계 삼척으로 가려면 화비령과 밤재를 넘어야하는데 그곳에는 육발 호랑이가 있어 목숨을 잃거나 물건을 빼앗기는 일이 허다하였다고 한다.

소문을 들은 강감찬 장군이 그 길을 찾아 나섰는데 화비령 정상에서 노인 한분이 나타나더니 이 길을 가려거든 나와 바둑으로 내기를 하여 이겨야 갈수 있다고 하기에 바둑내기를 하였는데 강감찬 장군이 이겼단다.

무사히 다녀온 강감찬장군은 육발호랑이가 아니라 무엄한 산적들이라는 것을 알고 그곳을 떠나라는 명령과 함께 명을 어기면 목숨을 지탱하기 어렵다는 편지를 써서 전하였더니 돌아온 답은 감히 산신령을 당신이 어떻게 죽일 수가 있느냐며 도전장을 냈다고 한다.

강감찬장군은 군사를 이끌고 무더운 여름날 육발호랑이를 잡으러 가서 몽땅 소탕을 하고 오는 길에 심곡 언덕 그늘에 앉아 부채질을 하던 차 바다에서 갑자기 불어오는 시원한 바람에 장군은 부채를 바다에 던졌다고 한다. 그 부채가 바다에 떨어지는 순간 바위가 되었는데 그것이 부채바위랍니다.

전설 따라 삼천리 심곡 부채길 오시면 꼭 부채바위 길을 찾아 걸어보세요.

부채바위길 입구

45 하슬라와 이사부

심심하면 독도가 저희 땅이라 우기는 못된 이웃이 있다.

그때마다 이사부 장군이 생각난다.

신라 진흥왕대에 크게 활약한 장군이며 정치가이다.

이사부는 502년 실직 군주의 명을 받은 7년 후 512년 하슬라 군주로 부임한다.

내물왕의 4대손으로, 지증왕 이래 법흥왕 · 진흥왕대까지 활약한 대표적인 장군이며 신라 왕실의 중신이다.

505년(지증왕 6)신라에서는 군현제가 실시되어 최초로 실직주(悉直州)가 설치되었는데, 이때 이사부는 하슬라의 군주(軍主)가 되었다. 그리고 512년에는 우산국(于山國:지금의 울릉도)을 점령하였다.

원래 우산국은 지리적인 이유로 신라에 귀복하지 않고 있었으며, 주민들이 사나워서 힘으로는 정복할 수가 없었다. 이에 이사부는 계교로써 항복받을 수 있다고 생각하여 나무로 사자(獅子)를 많이 만들어 전선에 가득 싣고 그 나라 해안을 내왕하면서 항복하지 않으면 맹수를 풀어 밟아 죽이겠다고 위협하니 그들은 마침내 항복하고 말았다.

삼국사기와 삼국유사는 이사부의 하슬라 군주 부임과 우산국 정벌이 비슷한 시기에 이뤄졌다는 사실을 동일하게 적고 있다. 하지만 선후의 문제에서 삼국사기는 하슬라 군주 부임 직후에 우산국 정벌이 이뤄졌다고 했고, 삼국유사는 우산국 정벌의 공로로 하슬라 주백에 보임됐다고 했다. 어찌했든 이사부는 7년간 실직에서 육상 전투력과 해상 전투력을 동시에 키워 동해 제해권을 장악함과 동시에 고구려를 강릉 이북으로 물러나게 한 것이다.

강원도 동해안엔 예나, 지금이나 해산물이 풍부하지 못하다. 해안의 길은 평이한 육로가 아니다. 동해안에는 곳곳에 백두대간의 지맥이 내려와 일직선상의 행로가 평탄하지 않다. 7번 국도를 따라 운전하다 보면 산을 넘고 터널을 지나야 한다. 동해안은 절벽과 높은 산으로 막혀 있어 신라인들이 우마차로 인력과 물자를 수송하기 어려웠을 것이다.

경북과 강원도 해안에는 태백산에서 흘러 내려오는 하천(남대천, 오십천 등)의 어귀나 해류가 막아 놓은 석호(청초호, 경포호) 주변에 토지를 일구거나 고기를 잡아 생계를 잇는 부락이 해안선을 따라 점점이 이어져 있다. 이사부는 해안선을 따라 점점이 흩어져있는 부락들을 해상수단을 이용해 지배했을 것이다.

이사부가 실직, 하슬라 군주를 맡으면서 우산국의 항복을 받아낸 것은 신라의 영토를 강원도 북부까지 확장해 예족을 지배함과 동시에 동해안의 해상 부족을 통치권에 넣어 동해안은 물론 바다의 영유권을 확보했다는 것을 의미한다. 즉 경주에서 강릉까지의 육지선을 따라 울릉도와 독도를 꼭지점으로하는 반원형의 육상, 해상 지배권을 확장했다는 의미다.

따라서 이사부가 하슬라 군주로 임명되자 바로 우산국을 공격 대상으로 삼은 것은 고구려와 예(또는 말갈), 왜, 우산국 사이에 있을 수 있는 동맹의 고리를 끊고, 동해를 신라의 바다, 즉 신라해(新羅海)로 만들기 위해서였다. 후에 진흥왕이 함경남도 마운령, 황초령까지 영토를 넓히는 데 이사부의 동해 경영이 힘이 됐을 것이다.

군주(軍主)의 위치는 전략 변경에 따라 옮기기도 한다. 지증왕은 고구려와 말갈의 침입에 대비해 동해안 군사 거점을 삼척에서 강릉 북쪽으로 이동시켰고, 성공적으로 실직 군주의 임무를 수행한 이사부를 하슬라 군주로 발령했다. 이사부의 내륙 관할 영역이 울진에서 삼척, 강릉까지 확대 된 것이다. 그런데 우산국 복속 출항지는 영동지방의 지형 특성상 알(川)이 바다로 흘러가는 입구가 항 포구였으며 강릉의 강문과 남항진 그리고 안인의 명선문, 삼척의 오분항(정라)을 지자체마다 유적지로 각기 추측하지만 선곡소의 위치와 시형 및 시내상황을 고려할 필요가 있나.

강릉 월대산 아래쪽에 병선을 건조하는 선곡소가 있었다는 것은 우산국 복속 출항의 지휘 본부가 강릉에 있었다고 봐야 옳은 해석이다. 이것은 하슬라 군주가 강릉에 있었다는 물증이다.

그리고 선곡소의 위치는 월대산 북쪽 남대천변의 공단이라는 설과 월대산 남쪽 당골(塘골) 즉 한송호 북쪽 청학헌 아랫골이라는 지방사람들의 구전을 당시 지리적 환경과 연계하여 재조사 할 필요가

있다고 생각한다

그리고 지난 동계올림픽준비로 죽도봉에 씨마크호텔 재건축 토목현장에서 이사부의 출정지 증거로 보이는 영정주(정박지)가 다량 출토되었다. 이 또한 출정지 가능성을 높여 주는 물증이지만 강릉의 해양관문이며 수군기지였던 안인의 명선문을 다시금 살펴볼 필요가 있다고 생각한다.

강문

오봉서원

강릉에도 서원이 있다.

왕산 방향으로 가다가 오봉댐 아래쪽 우측켠 오봉리 마을 언덕에 자그마하고 아담한 서원이 있다. 창건당시 이처럼 초라하지 않았을 것이다.

강릉은 안동과 같이 학문을 숭상하던 유림들의 활동이 대단했던 곳이기 때문이다. 1561년(명종 16)에 함헌(咸軒)을 중심으로 지방 유림들의 공의로 창건하여 공자의 영정을 모셨다. 1782년(정조 6)에 주자(朱子), 1806년(순조 6)에 송시열(宋時烈)을 추가 배향하여 선현 배향과 지방교육의 일익을 담당하였다.

그 뒤 1868년(고종 5)에 대원군의 서원 철폐령으로 훼철되어 영정과 위패를 다른 곳으로 이안하였다가 1903년 강릉지방의 유림이 사우를 건립하여 집성사(集成祠)라 하고 3인(공자, 주자, 송시열)의 위패를 모셨으며, 사우 옆에 별묘를 세우고 칠봉사(七峯祠)라 하였다.

경내의 건물로는 6칸의 집성사, 2칸의 칠봉사, 신문(神門), 8칸의 오봉강당(五峯講堂), 묘정비각(廟庭碑閣), 2개의 묘정비 등이 있다. 집성사에는 공자(孔子) · 주자 · 송시열의 위패가 배향되어 있으며,

오봉서원

별묘인 칠봉사에는 함헌의 위패가 봉안되어 있다.

오봉강당은 마루방과 온돌방으로 되어 있는데, 원내의 여러 행사와 유림의 회합 및 학문 강론 장소로 사용되고 있다. 강원도 유형문화재 제45호로 지정되어 있으며, 매년 음력 9월 2일에 향사를 지내고 있다.

또한 함헌은 지역실정을 잘 알고 있었으며 보광리 마을 빨래터에 김주원공의 비가 있는 것을 발견하고 강릉부사 김첨겸과 함께 명주군왕 능을 찾았다고 전해지고 있다. 특히 오봉서원에는 관운장의 좋을 호(好) 체본 8개를 소장하고 있다. 강릉시는 문화재 복원사업으로 오봉서원의 옛 모습을 찾아야겠다.

47 김유신과 화부산사

강릉에서 7번 국도를 타고 주문진으로 가다보면 임영고개 마루에 사당하나가 남대천을 향하고 있다. 김유신 장군의 신위를 모신 화부산사다.

신라 문무왕8년(서기668년)에 김유신이 삼국통일의 대과업을 완성하였으나 북방 여진족(말갈)들이 신라 변방이었던 명주(지금의 강릉)을 자주 침범하여 주민을 괴롭히고 약탈함으로 문무왕은 김유신 장군에게 명하여 이를 토벌토록 하였다. 장군은 명을 받들어 명주에 와서 화부산사(花浮山祠) 아래에서 유진(留陣)하면서 여진족(말갈족)을 물리쳐서 백성들을 평안하게 살도록 하였는데 이에 감은(感恩)하여 장군이 돌아가신 후 지방민들이 그를 추모하기 위하여 조선 고종21년(1884년) 유진처(留陣處)였던 화부산사 아래에다 사당(祠堂)을 세워 위패를 봉안하고 매년 제향(祭享)을 받들어 왔는데 이것을 기리던 관민(官民)의 구심체가 토착화되어 김유신 장군을 강릉 단오제의 主神으로 모시게 된 것이라는 학설이 지배적이다. 그리고 무속인들은 대관령의 산신으로 모시었다.

강릉의 단오제(端午祭)는 언제부터 행하여 졌는지 확실한 근거가 없다.

다만 조선조 중기 이후 오랜 역사를 지닌 산악숭배(山嶽崇排)의 산신제(山神祭)와 마을 수호(守護)의 성황신제(城皇神祭)가 단오의 천신제(天神祭)를 올리는 주류를 이루며 오랫동안 계승하여 왔다고 본다. 그런데 강릉 산신제의 시원(始原)은 고려조로 올라간다. 고려사"에 전하는 왕순식(王順式)장군 설화에는 대관령에서 제단을 마련하여 신에게 기도를 했다는 내용을 담고 있어 이목을 집중시키고 있다. 그러나 이때 대관령에 있었다는 제단(祭壇)이 어떤 형태였으며 그 안에 모신 신(神)이 어떤 신이었는지 상기 인용문으로는 알수 없지만 허균(許筠)의 글에서는 산신이 김유신 장군(金庾信 將軍)이 라는 것을 입증을 하고 있다. 교산 허균(蛟山 許筠:1569년 선조2~1618년 광해군 10)은 성소복부고(惺所覆觧稿)와 대령산신찬병서(大嶺山神贊竝序)에서 중요한 사료를 남겼다. 계묘년(癸卯年)여름 내가 명주에 있었는데 그 당시 명주 사람들은 5월에 길일을 택하여 대관령 산신제(山神祭)를 맞이한다는 것이다. 나는 수리(首吏)에게 물었다. 이에 수리가 대답하기를 "이 신은 신라 대장군 김유신(金庾信)입니다." 라고 대답하였다. 지금으로부터 400여 전의 기록은 오늘날 강릉단오제의 원류(源流)를 입증하는데 중요한 자료가 되고 있다. 교산 허균이 강릉에 내려왔던 것은 두 차례였는데 그의 나이 24세 되던 해에 임진왜란이 일어나서 외사인(사천) 애일당(愛日當)에 내려왔었고. 단오제에 관한 내용을 쓸 때는 두 번째 왔을 때이다. 허균이 기록한 이 내용에는 이속(吏屬)의 입을 빌어 김유신

장군(595년~673년)을 모신 산신제가 강릉 단오의 주류임을 전하고 있다. 그것은 왕순식 장군의 대관령 치제와 맞물리는 사항으로 강릉단오제는 대관령 산악제로부터 그 시원(始原)이 이루어졌다고 볼 수 있다. 다만 강릉단오제가 산신제(山神祭)의 성격에서 성황제(城皇祭)로 옮겨가는 시기는 정확하게 근거를 제시할 수 없다.

또한 그렇게 변한 이유에 대해서도 확실한 단서를 제시할 수 없다.

그러나 오늘날 강릉 단오제의 주신을 범일국사(梵日 810-889)로 봉안하여 제향을 올리고 있는 것은 문헌의 기록과 다른 점이 있으나 반드시 단오제의 주신(主神)을 바르게 찾아 모셔야한다는 주장은 여러 가지 측면에서 고려해야 할 사항이다. 지금은 산신이 아닌 성황신을 주신으로 모시고 단오제 굿을 하고 있다. 따라서 대관령의 산신이 김유신장군이지 단오제의 주신이 반드시 김유신장군이라고 주장 할 이유는 없다.

왜냐하면 단오는 산신제가 아니고 천신에게 제사를 올리는 천제이므로 주신을 가지고 왈가왈부 할 수는 없다고 본다.

강릉 단오의 전제를 언제부터인가 산신이 아닌 성황신(서낭신)을 굿당에 주신으로 모시고 굿(제사)을 하고 있다. 즉 단오는 하늘에 제사를 올리는 행사(천제)이므로 주신은 그 시대 사람들의 몫이기 때문에 변할 수 있다고 본다. 나는 강릉지방에서 김유신 장군을 모시는 이유와 단오의 천제에 대하여 많은 것을 알게 되었다.

화부산사

48 山과 峰에 얽힌 풍수지리

강릉의 풍수지리를 공부하려면 山과 峰을 알아야한다.

경포대 정자에 올라 남동방향을 바라보면 월대산이 멀리 보이고, 그 뒤쪽으로 괴방산과 망덕봉이 칠성산과 나란히 병풍을 펼친 듯 남쪽을 드리우고 있다.

칠성산 옆에는 형제처럼 나란히 칠봉산이 대관령 남쪽 능정봉 아래로 우뚝 솟아있으며, 남항진에서 서쪽을 바라보면 시원하게 펼쳐진 서쪽 멀리 능정봉이 제왕산(고려말 우왕(禑王, 1364~1389)이 '공민왕의 핏줄이 아니라 신돈의 자식'이라는 이성계의 주장에 몰려 왕위에서 쫓겨나 유배 왔던 곳이라 붙여진 이름이고, 뒤로는 우뚝한 백두대간을, 앞으로는 망망히 펼쳐진 동해를 조망하고 있는 강릉의 진산입니다.)을 품고 왕산골을 따라 칠봉산, 칠성산, 망덕봉, 괴방산으로 달리고 있다.

대관령 능선따라 선자령을 타고 풍력발전기를 보며 북쪽으로 가면 황병산이 강릉을 내려다보고 있으며, 강릉의 북쪽으로 산 능선을 타고 내리면 오봉, 증봉, 땅재봉, 된봉, 화부산이 경포와 초당으로 연이어 달리고 있다.

시루봉은 경포대와 해운정 뒤쪽에 숨어있으며, 죽도봉은 경포호를 젠주봉은 강릉항을 오봉은 오봉댐을 지키고 있다. 강릉은 대관령을 축으로 남과 북으로 산 준령이 감싸고 있어 도시형국은 삼퇴미 모양을 하고 있다. 그래서 옛 부터 강릉에서 번 돈을 가지고 대관령을 넘으면 다 쏟아 버린다고 하였다.

즉 망한다는 이야기가 전해오고 있다.

모산봉은 105미터의 아담하고 낮은 峰으로 강릉시 남쪽에 솟아있으며, 강릉의 안산이며 명산이다. 그리고 밥그릇을 엎어 놓은 것 같다고 하여 밥봉 이라고도 하며, 볏짚을 쌓아 놓은듯하여 노적봉이라고도 하며, 인재가 많이 배출된다고 하여 문필봉이라 불리운다. 그리고 어미산(母山)이라 하며, 아랫마을을 어린뫼(幼山) 강릉방언으로 "어리미"라고 한다.

임영지 기록에 따르면 조선 중종 때 강릉부사 한급이가 강릉의 인재배출을 막고자 모산봉의 봉두를 3자3치를 낮추었다고 전해지고 있으며, 일본인들은 쇠말뚝을 박았다고 전한다.

모산봉은 강릉의 氣가모인 곳이라 하여 각종의 설화가 난무하고 있다. 인간의 심리는 남이 잘되기를 원하지 않는 듯싶다.

49 강릉의 호수

강릉은 알(川)과 바다가 만나는 곳에 파도가 모래 둑을 쌓아 냇물을 막아 호수를 만들어 놓은 석호가 여러 곳에 있다.

경포호, 향호, 한송호, 순개(순포)가 그렇게 만들어진 호수다.

강릉의 다섯 개 호수를 살펴보자

1.경포호

경포호는 주로 남대천과 태장봉천에 의해 이루어졌다. 그리고 좁고 긴 사주에 의해 동해와 분리되고 연안에는 넓은 들판이 펼쳐져 있다. 그러나 남대천의 주류를 안목으로 돌리면서 주로 경포천에 의해 호수의 물이 담수되고 있다. 그런데 경포천을 비롯한 작은 하천에 의해 운반된 토사가 매몰되어 수심이 얕아지고 호수의 규모가 축소되고 있어, 1966년부터 경포천의 본류를 강문포구(江門浦口)로 돌리고 정기적인 준설작업을 하고 있다.

호수 안에는 잉어 · 가물치 · 뱀장어 · 붕어 등이 서식하며, 민물조개와 곤쟁이는 호수의 명물로도 손꼽힌다. 호수 중앙에는 송시열이 썼다고 전하는 조암(鳥巖)이라는 글씨가 새겨진 바위섬이 있으며, 맞은편에, 특이한 전설을 지닌 홍장암(紅粧岩)이 있다. 호수 서쪽에는 경포대를 비롯하여 그 주변에 선교장 · 해운정 · 방해정 · 경호정 · 금란정 등의 옛 누각과 정자가 있어서 한결 정취를 느끼게 한다.

경포호의 자리는 옛날 최부자가 살던 집이었는데, 시주를 청한 스님에게 똥을 퍼 주는 바람에 마을은 큰 호수가 되고, 곡간의 쌀은 조개로 변했는데, 그 뒤부터 흉년에도 맛좋은 조개가 많이 잡혀 굶주림을 면하게 해주었다는 적선조개의 전설이 내려오고 있다. 호수 동쪽은 도립공원으로 지정되어 있으며, 경포대해수욕장을 비롯한 그 주변은 소나무숲과 벚나무가 어우러져 아름다운 경치를 이룬다. 특히 4~5월에는 벚꽃이 만발하여 관광지로 더욱 활기를 띠고 있다.

2.한송호와 녹두정

한송호는 지금의 강릉비행장 자리이다.

모산 저수지와 칠성 저수지의 축조로 사라졌다.

한송호를 품은 정자가 松亭(녹두정)이며, 정자앞에는 한송호수와 울창한 송림이 어우러져 무척 아름다웠다고 한다.

한송호는 이름처럼 바로 눈앞에 동해바다가 펼쳐지는 소나무가 울창한 곳에 솔바람소리와 잔잔한 호수를 연상할 수 있다. 조선 말기에는 때로 송정(松亭) · 녹정(彔亭) · 두정(荳亭) · 녹두정(綠荳亭)으로 불리기도 하였다. 이 정자가 언제 세워졌는지, 또 언제 없어지게 되었는지 정확하게 밝혀져 있지 않다.

정자와 인접한 곳 병산(비행장 남문근처)에 한송사(寒松寺)가 자리하고 있는데, 조선 후기 지도들은 이곳을 한송사 때로는 한송정으로 표기하고 있어 혼동할 여지가 없지 않으나 정자와 사찰의 개체는 분명 다른 것이다. 《동국여지승람》의 기록에 따르면, 한송정(한송사)이 있던 자리 곁에 차우물[茶泉 또는 茶井]·돌아궁이[石竈]·돌절구[石臼] 등이 있었는데 이를 화랑의 다도유적(茶道遺蹟)이라 하였고, 또 이 유적지를 가리켜 술랑선인(述郎仙人), 즉 화랑도들이 노닐던 곳이라고 설명하고 있다.

조선시대 지리지(地理志)들은 한송정이 관동팔경(關東八景)에 들지는 못하지만, 관동팔경의 하나인 경포대(鏡浦臺)와 함께 강릉을 대표하는 명구(名區)로 이 정자를 꼽고 있음을 볼 수 있다.

이상을 상고해 보면, 한송정이 생겨난 시원을 신라의 화랑도가 생성되는 시기(진흥왕 37년, 576)인 6세기 후반으로 본다면, 그 생성 상한을 짐작할 수 있으며, 또한 《동국여지승람》을 편찬하던 시기(조선 초기)에는 폐허가 되어 있음을 상상하게 해 준다.

그러나 한송정은 19세기 후반에 작성된 고지도(古地圖)와 강릉지역 고로(古老)들의 문집(文集) 등을 살펴보면 19세기 말까지도 존재하였던 것으로 추측된다. 우리 아버지 세대들은 한송호를 기억하고 있었다.

특히 과거의 지리지를 비롯한 기록들이 술랑(述郎)과 4선인(四仙人 - 永郎·述郎·南郎·安祥) 등 화랑도들이 노닐었던 곳으로 설명한 것은 명승지에 대한 부회(附會)라고 할 것이지만, 오늘날은 물론 고려시대와 조선시대에도 동해안을 지키는 작은 군사기지였다는 점을 감안한다면, 화랑도가 노닐던 곳이라는 점을 이해할 수 있을 것이다.

한편, 한송정의 유물로 전해지는 차샘 · 돌아궁이 · 돌절구 등은 지금까지도 잘 보존되어 있으며, 돌샘에서는 맑은 물이 솟고 있다.

돌절구에는 강릉부사 윤종의(尹宗儀)가 가장자리에 '新羅仙人永郎鍊丹石臼(신라선인영랑연단석구)' 라는 글귀를 새겨 놓았는데 돌절구라는 이 석구는 형태나 형식으로 보아 절구가 아니라 비석을 꽂아 세우기 위한 밑받침돌일 것으로 추정된다.

3. 향호

향호는 매향의 전설이 깃든 곳이며, 주문진읍 향호리에 위치하고 있다. 필자는 주문진 신영초등학교 교사로 있을 때(1975년) 향호에서 재첩을 무척 많이 잡아다 먹었다.

향호의 둘레는 약 8킬로미터, 면적 34만 5천㎡의 작은 석호다. 그런데 최대 수심이 15m에 이를 정도로 수심이 깊다. 다른 석호에 비해 유독 수심이 깊기도 하다. 왜 그런 걸까? 향호는 1970년대까지만 해도 규모와 형태에 있어서 큰 변화가 없었다. 수심도 2~3m에 불과했다. 그런데 규사 채취와 호수를 매립해 농경지를 일구게 되면서 규모가 작아지고 수심이 깊어졌다. 다른 석호와 마찬가지로 향호 역시 축산폐수, 생활하수 등이 유입되면서 많이 훼손되었다.

4. 순개

순개는 강릉시 안현동에 위치하고 있으며, 윗 순개는 없어졌다고 한다.

경포에서 사천 사근진으로 가는 바닷가 해변 길옆에 있다.

이곳을 강릉 사람들은 沙川의 남쪽마을 하람(河南)이라고 한다.

강릉의 5호 가운데 하나이며 이 호수에는 예로부터 순나물(蓴菜)이 많이 나서 순개라 하였다.

5. 풍호

풍호는 한송호 부근의 늪지로 강릉시 강동면 하시동리 기찻길 옆에 있으며, 지금은 골프장으로 거의 매립되어 흔적을 찾기 어려우나 풍호 마을 연꽃축제는 널리 알려져 있다. 풍호는 호수라기보다 늪이라고 보아야 옳다. 그러나 한때는 한송호보다 호수면적이 넓었다고 한다.

동해의 해변을 따라 석호가 여러 곳에 있는데 특히 강릉은 예로부터 호수가 많고 호수를 닮은 사람들이 모여 사는 선비의 고장임을 자랑스럽게 여기며 살았다고 한다. 그리고 산수가 화려하고 물이 아름답게 펼쳐져 흐르는 곳이라서 하슬라(河瑟羅)라고 하였다.

큰 바다를 임하고 있어 임영(臨瀛)이라 부르기도 하였단다. 정말 아름다운 이름이다. 강릉이 고향인 나는 자긍심을 갖고 살아가야겠다.

순개

솔향 강릉

솔바람이 불어오는 날 피톤치드가 시원하게 쏟아져 내리는 송정 해변을 걸으면 소나무에 대한 고마움을 새삼 느낀다.

농경사회 때의 정치는 치산치수였다고 한다.

문명사회에서는 교육이 백년대개이고, 나무를 심고 가꾸는 것은 50년 앞을 바라보는 일이라 한다. 근래에 강릉을 솔향 강릉이라고 한다.

소나무는 강원도 고성군 통천에서부터 옛 강원도 울진군까지 동해안 백두대간을 따라 영동지방에 군락을 이루고 있는 소나무가 우리나라 최고의 명품소나무라고 한다. 따라서 강릉을 감히 솔향 강릉이라 주장할 수 있다.

이것은 소니무를 정성껏 가꾸고 솔향 강릉이라는 이름을 널리 홍보한 최명희 강릉시장의 업적이라 하겠다.

우리선조들은 소나무를 나무 중에 나무이며, 선비의 기상을 지니고 있다고 하여 松이라 칭하며 잘 가꾸었다.

강릉의 임경당 김열선생께서는 소나무를 잘 가꾸어 율곡선생으로

부터 호송설이라는 글을 받았고, 강릉김씨 선연파 김진형(필자의 고조부)께서 소나무를 심고 후손들이 잘 가꾸도록 하여 공제 솔밭을 완성함으로써 강릉시민뿐만 아니라 학생들의 소풍장소로 1950년대 이후 오랜 기간 즐겁게 활용하였다.

소나무가 "호"로 쓰이거나 시문에 종종 회자되고 있는 것은 선조들께서 소나무에 대한 관심과 사랑이 대단했기 때문이다.

강릉이 솔향의 도시라는 자부심을 가지려면 시민들이 소나무를 잘 알고 안내 할 수 있어야한다. 강릉시민은 주인의식을 갖고 정확하게 잘 알고 있어야한다.

상식적인 이야기라든가 주워들은 이야기로 전달하면 안 되겠다.

주인은 주인다운 정보를 가지고 있어야한다.

그러면 소나무에 대하여 알아보자.

옛 강원도 울진군 서면은 금강송이 많아 금강송면으로 행정구역 지명을 바꾸었다고 한다. 울진군 서면과 봉화군, 소천면과 춘양면에는 황장목이 많다.

황장목은 일제강점기에 봉화의 춘양역으로 집결해 반출해 나갔기에 일명 춘양목으로도 불리게 되었다.

요즈음 "금강송"이라는 말을 종종 들어본다. 어릴 때 별로 들어본 적이 없다.

금강소나무란 말이나 금강송이란 말은 우리가 옛날부터 쓴 이름이 아니라는 것이다. 그런데 금강송을 사람들은 소나무중에 최고의 소나무라고 한다.

우리 조상들이 사용한 최고의 소나무를 뜻하는 이름은 바로 황장목이다. 금강송이나 금강소나무는 일제 강점기인 1928년 일본의 산림학자 우에키 오미키 교수가 지은 이름이란다.

금강송이란 소나무 학명(pinus densiflora. erecta uyeki)에도 우에키 교수의 이름이 들어가 있다. (1990년 김진수 교수는 잘못된 것이라고 발표하였음.)

그는 우리나라 소나무를 6개 지역으로 나눠서 백두대간을 중심으로 이 일대의 소나무를 금강형 소나무라고 명칭 했다.

국제적으로 최고급 소나무를 금강송이라고 그는 그렇게 등재하였다. 본시 우리는 소나무를 육송과 적송이라 하는데, 나무속이 붉고 누런 최고의 소나무를 황장목이라 하고, 나무껍질이 얇고 붉은 것을 적송이라 하였다.

금강송은 일본의 산림학자 우에끼 오미키가 만들어낸 신종어 즉 창씨개명이다,

해송, 곰솔, 흑송은 나무껍질이 검어서 곰솔이라고도 하였으며 주로 해변에 서식하는 소나무를 말하며 리기다소나무와는 다르나.

반송은 소나무 가지가 여러 개로 뻗어 둥근 반처럼 자라는 소나무다.

금송은 소나무 잎이 황금색을 띈 소나무로 삼척 가곡면에 있었는데 고사하여 어린 금송을 다시 심었으며, 유전자 변형으로 탄생된 소나무라고 한다.

일본의 금송과는 사뭇 다르다.

리기다소나무는 솔잎이 3개이며 일본인들이 들여온 추운지방의

송정 솔밭

소나무다.

세계적으로 소나무의 종류는 100여개가 넘는데 잣나무도 소나무의 일종이다.

충청도 속리산 상판면에 천년기념물 103호 정이품소나무가 있었는데 오랜 세월 수형이 망가져 새로 씨앗을 받아 다시 기르고 있다.

그러나 솔향 강릉에는 우리나라 소나무중에 가장 오래되고 큰 소나무(천연기념물 350호)가 연곡면 삼산리에 있었는데 고사하였다. 삼산리 부연동에는 500년된 제왕솔(강원도 보호수 12호)이 있으며, 대관령 초막골 뒷등에는 수령 500년이상 되며 밑 둥의 둘레가 5미터 이상 되는 소나무가 3그루나 있다. 솔향 강릉은 천년기념물 소나무를 찾아 지정해야한다.

그리고 2008년 2월 숭례문(국보1호) 화재 사건으로 강릉 보현사 뒤쪽 소나무가 어명을 받고 문화재 복구에 사용되었다고 하여 그루

터기 자리에 "어명정"이라는 정자를 세웠다.

또한 강릉에는 송정 그리고 연곡면에는 송림이라는 마을 이름이 있는데, 전설에 의하면 고려말 최문한이 송도에서 여덟 그루의 소나무를 가지고와서 안목 해변에 심어놓고 이곳을 팔송정이라 불렀다고 한다.

이것이 송정마을의 유래이며, 나무를 심고 가꾸는 일은 이처럼 훌륭한 일이라는 것을 새삼 느끼게 한다. 나도 산을 장만하면 소나무를 심고 길러야겠다.

어명정

학산 범일송

51 청학헌과 한송호

기차를 타고 서울로 갈 때면 차창 밖으로 보이는 옛 한송호를 떠올릴 때가있다. 지금의 강릉비행장 자리는 한송호가 있었던 곳이다.

남항진 송림에는 화랑들이 차를 마시며 토론을 했다는 한송정 사선비가 있고, 화랑들이 배를 타고 놀았다는 한송호의 물은 섬석천을 따라 남항진으로 흐른다. 그리고 안인진에는 동해안 유일의 강이라 부르는 군선강이 명선문을 통해 동해로 흐르는데 강 하류는 수심이 깊어 신라시대에 화랑들이 배를 타고 경주에서 강릉으로 들어오던 항구였다고 전해지고 있다. 이것이 입증된 것은 태풍 "루사" 때 옛날 물길을 재연 할 수 있었기 때문이다.

청학헌의 둘째 최기종씨(백모님 친정조카)의 증언에 따르면 태풍 "루사" 당시 강릉비행장(한송호) 물이 청학헌 마당 뜰아래까지 가득했다고 하며,

옛 한송호를 재현하였다고 한다. 때문에 아랫마을 병산 뜰에서 지금은 규사 채취를 하고 있는데 동해바다와 한송호가 연결된 항구(남항진)라는 것이 입증되었다고 한다. 현재 배를 가진 남항진항 어

촌사람들도 입을 모아 그 가능성을 토로하고 있다.

청학헌은 천년송이 우거진 두산송림에 학들이 몰려와 한송호의 어패류를 먹으며 즐겁게 노래하는 소리가 들린다는 집이며, 지방토호로 조선초기부터 지금까지 이곳에 살았다고 한다.

그러나 이곳은 본시 학동과 말산이 본동이고 공단은 학동 뒤뜰이었으며 냇물이 흐르지 않은 곳이라고 한다. 남대천에 홍수가나면 범람하여 썩은 흙이 쌓이는 곳으로 옥토였다고 한다.

지금도 뒤뜰은 학동과 병산사람들이 농사를 짓는 문전옥답이다.

따라서 뒤뜰은 두산동 토호들이 점령했던 땅이며, 이곳은 지대가 높아 송정과 걸어서 왕래하던 육지였다고 한다.

옛날 뚝방이 없을 때 남대천은 강릉 중앙고등학교 앞에서 구 동해상사 터를 거쳐 보남이(포남동)를 지나 초당동을 향해 비스듬히 흐르다가 강릉고등학교 솔밭(섬) 앞뒤로 북류하여 경포호로 유입되었다. 따라서 포남동 우시장(현 이마트) 쪽과 송정동은 견소동과 함께 두산동 병산동 일대가 육지로 붙어있어 걸어서 다녔다고한다. 절대 월대산 북동방향 공단 쪽으로는 물이 흐르지 않았다는 것이다.

그리고 동국여지승람에 강릉부 6리에 월정산과 선곡소가 있었다고 기록하고 있는데 월정산 부근에 골짜기가 두 곳이 있다.

청학헌 동쪽 골짜기 "塘골"과 중앙고 아래쪽 왜뜰고래다. 그런데 선곡소는 배를 제작하는 골짜기로 알려져 있어 둘 중에 하나가 선곡소라고 보아야 하는데 塘골은 한송호와 연결된 골짜기(塘골)로서 한송호의 물이 이곳까지 들어와 배를 제작하기에 적합하였고, 왜뜰

청학헌

고래는 남대천으로 유입되는 도랑이 있었을 뿐 배를 제작할 여건이 못 된다. 또한 塘골에는 배를 제작하기에 적당한 소나무가 울창한 곳이다. 그렇다면 어디가 선곡소였을까?

길재의 시조가 생각난다.

"오백년 도읍지를 필마로 돌아드니 산천은 의구하되 인걸은 간데......."

천년이 지난 지금 산천이 변한다 해도 쉬이 변하지 않으며,

물은 제 길로 간다고 하였다.

즉 칠성저수지와 모산저수지 물은 박월동을 거쳐 한송호와 합류하였다가 섬석천을 통해 남항진 바다로 흘러가는 것을 지금도 확인할 수 있다. 두 저수지가 없을 때 한송호는 강릉의 두 번째 큰 호수였으며, 당시 화랑들이 배를 띄우고 즐길만한 아름다운 호수였다는 것이 입증되고 있다.

통일공원

52 통일공원과 끝나지 않은 6.25

강릉에서 7번 국도를 따라 정동진으로 가다가보면 바닷가에 군함과 잠수정이 전시되어있다. 1996년 9월 북한 잠수정이 이곳에 좌초되어 생긴 일이다.

이곳은 6월 25일 하루 전에 북한군 오진우가 이미 상륙했던 곳이란다.

이곳에서 무슨 일을 하려다 그랬을까? 왜 지금도 그럴까? 라는 의문이 생긴다.

우리나라는 일본의 침략으로 조선의 절대군주가 무너지고 일제강점기를 거쳐 해방을 맞이하는 동안 새로운 정치 문물의 회용돌이 속에 우리는 이념으로 갈라져 피비린내 나는 혼란기를 겪었다.

아직도 끝나지 않은 이념의 논쟁 때문에 우리는 불행하게 살고 있다.

나는 안인의 통일공원 앞에서 이념으로 갈라진 우리의 아픔을 다시금 되돌아본다.

이념의 갈등으로 피해를 본 가족들의 한은 아직 삭지 않았지만 이젠 지혜롭게 풀어가야 할 때라고 생각한다.

현실을 즉시하면서 지혜롭고 올바른 판단을 할 수 있어야겠다.

6. 25를 살펴보자. 6.25는 김일성이 소련과 중국의 묵인 아래 침략한 전쟁이다.

이 사실은 역사의 곳곳에 그 흔적이 남아 있다.

그런데도 침략자의 편을 들며 6.25를 북침이라고 하는 편향적인 사람들이 문제다.

특히 교원들이 이념교육에 앞장서고 있다는 것이 큰 문제가 아닐 수 없다.

대한민국은 엄연히 민주공화국으로 자리 잡고 있다.

때문에 좌파이거나 좌편향적인 사람들은 불이익을 받고 살 수밖에 없을 것이다.

여야는 있어야하지만 이념체제를 바꾸려고 하면 문제가 생길 수밖에 없기 때문이다.

우리는 또다시 피를 흘려야만 하는가? 깊이 생각하지 않을 수 없다.

왜냐하면 6.25 당시 남노당 세력과 사회주의 노선을 주장하는 사람들은 북한침략자들의 부역에 자진 참여하여 지주와 우파들을 잡아다가 죽이거나 고문하였다고 한다. 수복이 되자 우파 또한 보복으로 좌파들을 죽이거나 연좌제를 통하여 고통을 주었다.

때문에 이념의 갈등은 골이 깊어질 수밖에 없었다.

지금 이 시점에서 굳이 이념으로 갈라져야 한다면 남과 북이 확실하게 갈라져 있는 마당에 서로를 헐뜯지 말고 괴롭히지 말고 전쟁도 하지 말고 원하는 쪽에 가서 살도록 하면 어떨까? 좌파니 우파니 하며 싸우지 말고 살았으면 좋겠다.

한때 일본에게 나라를 빼앗긴 우리 백성은 강제징용(군인, 노동자, 위안부)으로 끌려갈 수밖에 없었다. 그런데 군에 장교로 간 사람들은 친일파라하고 노동자와 위안부는 일본의 피해자라는 이분법적 논리를 펴고 있다. 징용 간 사람이 친일을 위해 장교가 된 것은 아닌 것 같다. 물론 일본의 앞잡이로 친일을 한 사람들도 있었다.

김원봉과 같은 독립운동가는 월북하여 6.25에 참전하고 김일성으로부터 훈장을 수여받았으며, 노동당 최고인민회의 상무위원회 부위원장을 지내다가 정치적인 문제로 북한 정권에 의해 숙청되었다. 남한에서는 김구, 여운형이 암살 되었다.

당시 어수선한 정국에서 주체세력의 정적이 되어버린 정치인은 제거될 수밖에 없었다. 아무리 독립운동을 주도한 애국자라도 정치적 욕망 때문에 국가의 대의를 버리고 월북하여 6.25남침에 적극 가담한 김원봉은 다수의 국민들로부터 환영받을 수가 없다.

이러한 상황 속에 6.25때 우리민족끼리 이념으로 갈라져 피를 흘리며 싸웠고 지금도 서로를 탓하고 있다. 교육이 100년 대계라고 하는데 아이들에게 거짓 이념교육으로 나라의 장래를 망치게 하는 것은 천벌을 받을 일이다. 사실 그대로 가르쳐야한다. 침략자는 적이다.

일본이 그랬고 북한이 그러고 있는데 이를 우방이라고 할 수 있겠는가? 이들이 우리대한민국의 주적임을 가르쳐야한다.

판단은 그들의 몫 이다.

거짓과 선동으로 역사를 몰고 가면 어떻게 되겠는가?

사실 대로 전달하여 후세들이 지혜롭게 선택할 수 있게 해주어야

한다.

우리 자유대한민국(남한)이 조선 인민공화국(북한)을 침략하려고 한 적이 있는가?

우리가 일본을 침략하려고 한 적이 있는가?

아이들에게 물어보자 누가 침략자인가?

조선 인민공화국보다 왜 대한민국이 잘살까?

이것도 아이들에게 토론을 시켜보자.

사실과 현실을 즉시하면서 지혜롭고 올바른 판단을 할 수 있는 힘을 길러주어야겠다.

이차지에 백성을 위한다는 정치인들이 주장하는 각종 정치제도를 살펴보자. 과연 어느 체제를 따르는 것이 옳을까? 공부해보자.

1. 절대군주제

군주(왕)에게 국가권력의 모든 것이 집중되어있는 정치체제

2. 전체주의제

절대군주제와 비슷한 정치체제로 개인(왕)이나 특정 정치집단(당)이 국가권력의 모든 것을 통치하는 정치체제로 2차 대전 당시 이탈리아의 파시즘, 독일의 나치즘, 일본의 군국주의가 이에 해당된다.

3. 민주주의(민주공화제)

국가의 주권이 국민에게 있는 정치체제로 링컨의 게티스버그 연

설 중에 "국민의 국민에 의한, 국민을 위한 정치"를 말한다.

4. 사회주의(노동자 중심의 체제)

생산수단의 공유 및 국유화로 노동에 따른 잉여가치 분배로 사회적 불평등을 해소하자는 노동자가 주체가 되는 사회 정치체제 즉 노동당 중심의 정치체제이다.

그러나 지배층과 피지배층의 불평등을 해소하지 못하고 소득의 분배로 인하여 인간의 능력과 생산성을 떨어뜨린 실패한 제도이다. 즉 노동자가 생산활동과 일자리 창출에 적극적이지 않기 때문이다.

5. 공산주의(공유화 사회주의)

능력에 따라 일을 하고 필요에 따라 분배받는 무산계급의 공유재산제로 사유재산을 부정하고, 재산의 공유화를 실현한다는 프로레타리아(노동자계층)의 혁명(투쟁)주의를 말한다. 재산이 공유화된 노동자들의 자세는 일자리 창출에도 한계가 있고 적극적이지 않아 생산성이 떨어진다. 그리고 사유재산의 부정으로 거주이진의 자유가 구속되고, 지배층과 피지배층의 불평등을 해소하지 못한 실패한 제도이다.

6. 자본주의(자본가 중심주의)

생산수단을 가진 자본가 계층이 노동자 계급으로부터 노동력을 사서 생산활동을 하여 이익을 추구하는 경제우선주의를 말한다.

그러나 자본가들의 노동착취가 빈부의 격차를 심화시켜 사회의 불평등을 초래하고 있다는 지탄을 받고 있다.

우리는 보통 상식적 견해로 공산주의와 민주주의 그리고 사회주의와 자본주의를 확실히 구분하지 못 하고 북한을 무조건 공산주의라 하고 있다.

북한에는 노동당이 있지 공산당은 없다.

그리고 공산주의와 민주주의는 전혀 다른 개념을 지니고 있다.

부가가치는 노동력에서만 얻어지는 것이 아니다.

노동자는 자본가를 노동 착취로 몰아부쳐서는 안 된다.

기업이 살아야 일자리가 있는 것이다.

따라서 노동자와 자본가는 상호 적절한 소통을 하며 살아가야 할 것이다.

즉 자본주의 모순을 계속 고쳐나가야 할 것이다.

잠수함

53 배가 산으로 올라간 정동진

정동진은 경복궁의 正 동쪽에 있어 부르게 된 지명이라고 한다.

사공이 많으면 배가 산으로 간다는 속담이 정동진에 가면 있다.

그 배가 썬크루즈이다.

그리고 모래가 시간을 따라 흐르는 모래시계와 그 옆에 위치한 정동진역은 바다와 가장 가까운 역으로 널리 알려 졌으며, 드라마 모래시계의 여주인공 고현정 소나무가 있어 젊은이들이 자주 찾는 관광명소가 되었다.

또한 해안선을 따라 해안단구가 발달해 있는데 특히 금진에서 안인에 이르는 정동진 일대에는 해발 70~90m 지점에 폭 800m가 넘는 전형적인 해안단구가 늘어져있어 지질학연구에 많은 자료를 제공하고 있다.

이들 단구면은 대개 두꺼운 퇴적층으로 덮여 있으며, 해발고도가 낮은 단구면은 보존이 양호하고 자갈을 비롯한 퇴적물들이 신선하나 고도가 높은 단구면은 심하게 풍화되어 있다. 따라서 해안단구 위쪽은 넓은 평원으로 이루어져있고 해안단구 아래쪽은 절경이라 경치가 매우 아름답다.

그리고 정동진은 육.해.공의 교통기관(기차, 자동차, 비행기, 배)을 한자리에서 경험 할 수 있는 곳이기도 하다.

한편 가장 볼만한 것은 정동진의 장엄한 새해 일출이다.

계절마다 특색이 있어 언제라도 찾는 이들에게 기쁨을 안겨주고 있으며, 매년 1월 1일이면 일출 행사와 모래시계 회전행사를 함께 하고 있어 신년 해맞이 행사는 장관이 아닐 수 없다.

정동진 썬쿠르즈

54 스토리텔링되는 향토사학

허난설헌의 생가터를 보면서

어쩌다 허엽도 허균도 아닌 허난설헌의 생가 터가 되었는지?

역사는 만들어 지는 건지?

소설속의 인물 홍길동이를 장성에서 태어났다고 스토리텔링하여 자기들 유산이라고 주장하는 전남 장성군의 이야기도 그렇다.

초당 두부도 특허만 내면 자기 것이라고 주장하는 시대에 우리는 살고 있다.

현실은 자료 보존보다 특허 출원을 먼저 해놓으면 주인이 되고 역사가 된다.

그런데 난설헌의 고향에서 그들의 생가 터를 거짓으로 스토리텔링하는 이유는 무엇 때문일까?

관광사업으로 돈을 벌어야겠다는 얄팍한 생각인 것 같아 아쉽다.

우리의 역사를 제대로 모르면서 아이들을 가르치는 교사가 되면 안 된다.

역사를 허위로 만드는 학자가 있으니까 문제가 더욱 심각하다.

강릉에는 괴방산 자락 바닷가에 잠수정과 늙은 함대가 전시되어 있다.

이곳이 6.25 침략 하루전날 북한의 오진우가 상륙하여 백복령까지 진을 치고 있었다고 어른들께서는 지금까지 우리들에게 전해주고 있다.

때문에 강릉의 8사단은 7번 국도를 따라 후퇴를 못하고 삽답령을 넘어 후퇴하려다 왕산 골에서 많은 병사가 전사했다고 전한다.

그런데 강릉출신 고려대 최장집 교수가 모 언론에 6.25가 북침이라 피력하여 화제 거리가 되었다. 이념교육에 혈안이 된 일부 좌파교사들은 얼씨구나 하고 6.25가 북침이라 가르치고 있으니 할 말이 없다. 그리고 침략자들에 의해 왜곡된 역사를 우리는 지금도 그렇게 가르치고 있다. 독도가 일본의 영토라 해도 정부가 쩔쩔 매는 현실은 자료를 보존하는 우리의 태도가 문제지만 학자들에게 더 큰 문제가 있다고 본다.

역사를 관심밖에 두었던 지도자들의 국가관 및 태도가 문제다.

지도자는 역사에 대한 사명감이 투철해야 국가를 수호 할 수 있다.

역사를 제대로 배우지 못한 우리는 지금부터라도 정신 차리고 후세를 위해 제대로 된 역사관을 재정비하여 교육해야 한다.

영리를 위해 역사학자들이 날조에 앞장서고 있다는 것은 죄를 짓는 일이다.

향토사학 및 인문학 박사들의 자세와 사명감 또한 문제인 듯싶다.

정확하지 못한 통계와 자료조사로 너무 급하게 조작해서 실적위주의 결과를 발표 한다던가 지도자들의 꼭두각시가 되어 잠깐의 명예를 탐내는 학자들의 태도가 문제다.

사명감을 갖고 분명 찾을 것은 찾고 틀린 것은 고쳐야 존경 받는 학자이다.

지금의 허난설헌 생가 터는 관광사업을 위해 날조되었다면, 분명 밝힐 것은 바르게 밝혀 놓아야한다.

그런데 실증 할 수도 없는 집을 허난설헌 생가라고 하면 후일 누군가가 또 다른 집을 허균 생가라고 한다면 어쩔 것인가?

더구나 사단법인 교산. 난설헌 선양회가 발행한 "허난설헌과 강릉"에 교산의 어머니도 애일당의 차녀인데 장녀라고 했으며, 沙月을 沙越로, 助山(즈므)을 해가 저므는 곳으로, 젠주봉을 죽도봉으로 등등 많은 것이 잘못 조사 되었던가

아니면 스토리텔링을 하였다. 따라서 누군가가 지적하지 않으면 후일 논쟁의 씨앗이 된다. 잘못된 정보를 제공하였다면 즉시 수정해야한다. 확실하지 않은 것을 주장하면 안 된다.

부언하면 허균과 허난설헌이 자라던 사천진리 해변에 확실한 사적자료가 많이 남아있다. 강릉시는 확실한 이곳을 복원 개발하여 허균과 난설헌 사료관 및 홍길동공원을 만들어야 할 것이다.

강릉남산

55 臨瀛館(임영관)

임영이란 큰 바다를 안고 있는 곳 즉 강릉의 옛 지명이다.

강릉 임영관지는 강릉부 객사 건물인 임영관의 터이며, 객사(客舍)는 고려시대부터 조선시대 까지 지방으로 출장 온 중앙관리의 숙소로 사용하였던 곳이다. 강릉의 객사는 "강릉부 읍지(江陵府 邑誌)" 연혁에 따르면 "고려 태조 19년인 936년에 강릉을 동원경(東原京)이라 칭하고 임영관을 창건" 하였다고 기록되어 있으며, 창건 당시의 규모 등은 확인할 수 없고 지금은 객사문(국보 제51호)만 남아 있다. 고려시대의 건축물로 공민왕이 쓴 "임영관"이라는 현판이 걸려있다. 여러 차례에 걸쳐 중창되어 왔으며 고종황제의 "소학교령"으로 세운 강릉 공립보통학교(강릉초등학교)가 세워지면서 객사문 외에 다른 건물들은 낡아서 철거되거나 이건 되었다.

강릉시 청사 신축 이전으로 수목의 채굴과 구 강릉경찰서 지하 구조물의 철거 과정에서 임영관 건물지에서 조선시대와 고려시대의 건물 하부구조 및 다량의 유물이 출토되어 1994년 7월 11일 사적 제3888호로 지정되었다. 2000년부터 전통문화도시 도심 관아유적 복원사업의 일환으로 임영관지 안에 전대청(殿大廳) · 중대청(中大

廳)·동대청(東大廳)·서헌(西軒)의 4개동 건물을 비롯한 석축, 담장 등 복원을 추진하여 2006년 완료하였다.

그리고 경포에서 임영관으로 넘어오는 이명고개(臨瀛고개)는 주문진에서 양양으로 가는 양양고개처럼 강릉의 옛 이름 임영 때문에 생긴 고개 이름이며, 구정면의 왕고개도 또한 王縣(학산) 때문에 생긴 고개이름이다.

필자는 초등학교, 중학교, 고등학교를 臨瀛舘地 일대에서 학창시절을 보냈기

때문에 臨瀛舘地에 대한 감회가 누구보다 더욱 새롭다.

臨瀛舘地에는 객사문 및 강릉 부사(府使)가 업무를 살폈던 칠사당(七事堂)과 함께 강릉의 관청건물 연구에 귀중한 자료를 제공하고 있다.

임영고개

56 월대산과 봉화대

달을 맞이하는 월대산은 월정산이라고도 한다.

지구가 태양의 위성별이라서 해가 떠오르는 위치는 계절마다 달라지지만

소동산 봉수대

달은 지구의 위성별이라서 늘 변함없이 한자리를 지키면서 월대산 위로 떠오르고 있다. 강릉의 달맞이는 경포대의 달맞이와 월대산의 달맞이가 최고 명품의 달맞이다. 그런데 경포대의 달은 강문과 죽도봉 사이로 소나무와 어울려 떠오르고 월대산의 달은 강릉시청사와 강릉역(강릉시 중심)에서 보면 변함없이 정확하게 월대산 위로 떠오르고 있어 강릉사람들은 매월 보름 때 초저녁 월대산을 바라보면 언제나 명품 달맞이를 즐길 수 있다.

그런데 지역주민들에 의하면 봉수대(봉화대)가 월대산에 있었다고 이야기들을 하고 있다.

봉수대는 외적의 침입(전쟁)을 신속하게 알리는 연락 수단으로 북방의 침입을 알리는 제1로의 시발점은 함경북도 경흥이고, 왜구의 침입을 알리는 제2로의 시발점은 부산 동래에 있었고, 제3로는 평안북도 의주에 있었다. 이것은 적의 침입을 긴급하게 즉시 행정수도(왕이 거처하는 곳)로 알리는 수단이었다.

그러면 제1로를 통해 강릉의 봉수로를 살펴보자.

만약 청나라가 침입을 했다고 하자 그러면 즉시 제1로의 선발지인 경흥에서 봉화를 올리고 이어서 동해안을 따라 봉화를 올릴 것인데 북쪽으로부터 내려와 양양 봉화대를 이어-주문진(주문산)-사천(사화산)-강릉 포남동(소동산)-강동(해령산)-심곡(오근산)-동해(어달산)를 거쳐-삼척-울진-울산 봉화대로 이어진다.

그렇다면 월대산과 구정면 담산에 있는 봉화대는 무엇일까? 궁금해진다. 또 어느 시대의 것일까?

봉화대의 위치는 행정치소와 최대한 근접해야 할 것이다.

따라서 조선시대에는 강릉의 소동산(강릉시 포남동 산14) 봉수대가 지리적 환경으로 보아 대체적으로 타당성이 있어 보인다.

그리고 구정면 담산의 봉화대는 신라 말이거나 고려시대의 것으로 추정함이 옳은 것 같고, 월대산은 김기설의 "강릉고을 땅이름 유래 50쪽"에 기록이 있을 뿐 다른 기록에서는 찾을 수가 없다. 즉 강릉의 달맞이 봉(峰)으로 보는 것이 옳다고 본다.

월대산

57 등명낙가사와 헌화로

강릉에서 정동진으로 가는 길에 아름다운 사찰 하나를 만나게 된다.

이 사찰이 괘방산 아래에 위치한 낙가사이다.

대한불교조계종 제4교구 본사인 월정사(月精寺)의 말사이다. 일명 '등명낙가사'라고도 한다. 신라 선덕여왕 때 자장(慈藏)이 창건하고 수다사(水多寺)라 하였다.

자장이 이 절에 머무를 때, 꿈속에서 중국 오대산의 북대(北臺)에서 보았던 스님이 나타나 말하기를 "암자 아래 큰 소나무 밑에서 꼭 만나자."고 하여 이튿날 그 자리에 갔더니 그곳에서 문수보살(文殊菩薩)을 만날 수 있었다고 전한다.

신라 말기의 병화(兵火)로 소실된 뒤 고려 초기에 중창하여 등명사(燈明寺)라 하였다가 지금은 등명낙가사라고 부른다.

『신증동국여지승람』에 의하면 강릉부 동쪽 30리에 이 절이 있었다고 하는데, 등명사라 한 것은 풍수지리에 입각하여 볼 때 이 절이 강릉도호부 내에서는 등화(燈火)와 같은 위치에 있고, 이곳에서 공부하는 수학도(修學徒)가 3경(三更)에 등산하여 불을 밝히고 기도하

등명낙가사

면 급제가 빠르다고 한 데서 연유한다는 전설이 전한다. 현재 절 근처에는 고려성지(高麗城址)가 있다. 이 성은 고려시대에 등명사의 중요한 물품들을 보관하기 위해서 창고를 짓고 성을 쌓았다는 사방 1㎞의 석성이다. 이로 보아 당시의 사찰 규모를 짐작할 수 있으며, 조선 중기에 등명사는 거의 폐허가 되었는데 그 뒤 1956년 경덕(景德)이 옛터에 절을 중창하고 낙가사라 개칭하였으며, 1997년 영산전을 지었다. 1982년에는 청우(淸宇) 스님께서 극락전 · 약사전 · 삼성각 · 범종각 · 요사를 건립하였으며, 지금도 청우(淸宇) 스님께서는 불사에 전념하시며 불교계의 거목으로 활동 중이시다.

현존하는 당우로는 대웅전 · 극락전 · 오백나한전(五百羅漢殿, 일명 大靈山殿) · 요사채 등이 있다. 오백나한전 안에 안치된 오백나한상은 인간문화재 유근형(柳根瀅)이 5년에 걸쳐 만들어서 1977년 10월에 모신 것이다. 500구가 각기 다른 모습을 취하고 있는 이 나한상은 다른 곳에서는 예를 찾아보기 힘든 독특한 청자불상이다.

또한, 이 절에는 강원도 유형문화재 제37호인 등명사지오층석탑이 있으며, 창건과 함께 선덕여왕 때 세워진 것으로 전해지는 이 탑은 은은한 무늬로 조각된 옥개석의 귀퉁이가 조금 파손되었고 기단

거북바위

석은 연꽃무늬로 수 놓여 있다. 특히 2층 기단부에는 돌자물쇠를 채워 놓았던 관계로 탑 안의 보물이 도굴되지 않은 채 보존되어 왔다고 한다. 원래는 이와 같은 탑이 3개였는데, 하나는 함포사격으로 파괴되어 그 잔해만이 바닷가에 남아 있고, 또 하나는 수중탑(水中塔)이었으나 언제부터인지 행방이 묘연하다고 한다. 사찰 아래에는 등명약수(燈明藥水)가 있어 많은 사람들이 찾고 있다.

그리고 청우(淸宇) 스님의 말씀에 의하면 헌화로는 당시 지리적 환경으로 보아 경주에서 강릉으로 오는 육로가 없었으며, 당시 해상으로 왕래했다고 보아 안인의 명선문이 강릉의 관문이고 보면 순정공이 강릉태수로 부임 차 당도한 등명낙가사 아래쪽 해변에 거북이처럼 생긴 바위가 있는 이곳이 헌화로가 아니겠느냐는 것이다.

아무튼 전설속의 헌화로는 현실에 부합되는 스토리텔링이 되어야겠다.

등명락가사 입구

58 방동리 무궁화나무

우리의 선조들은 일찍이 훈화초(무궁화)를 울안에 심어 길렀다고 한다. 이곳은 강릉박씨들의 재실로 문중에서 관리하고 있다.

한반도에 무궁화가 많이 자라고 있었다는 가장 오래된 기록은 ≪산해경 山海經≫에서 찾아볼 수 있다. 이 책은 기원전 8~3세기 춘추전국시대에 저술된 지리서(地理書)라고 전하여 내려오는 문헌으로, 동진(東晉) 때 곽박(郭璞)이 그 때까지의 기록을 종합, 정리한 것이다. 이 책에 "군자의 나라에 훈화초가 있는데, 아침에 피었다가 저녁에 진다(君子之國 有薰花草朝生暮死)."라는 기록이 있다. 즉 무궁화(훈화초)는 우리나라(군자의 나라) 꽃이다.

강릉 아산병원 근처 가마골길 강릉 박씨 재실에 있는 무궁화나무는 천연기념물 제520호로 지금까지 확인된 국내 무궁화나무 가운데 최고령으로 확인됐다.

현장을 방문한 국립산림과학원 박형순 박사는 사천면 방동리 강릉박씨 종중 재실내에 있는 무궁화는 수령 120년 가량으로 지금까지 국내에서 발견된 무궁화 나무 가운데 가장 오래된 것이라고 밝혔다. 이 무궁화 나무는 높이 4m, 수관폭 6m, 직경 50㎝로 꽃의 중심부가 붉은 홍단심계 홑꽃으로 고유의 토종 품종이다. 대부분의 무궁화 나무가 수령 20~40년 정도에 고사하는 것에 비하면 이 무궁화나무의 수명은 매우 놀라운 것이다. 또한 대체로 무궁화 나무는 한 줄기로 곧게 자라는 반면 이 나무는 지상 50㎝부터 줄기가 3갈래로 갈라져 자라고 있다

박형순 박사는 "보호수로 지정된 강릉시 연곡면 유동리 무궁화나무는 전북 남원, 강원 홍천 등의 것과 비교했을 때 규모는 비슷하지만 수령은 훨씬 오래된 것으로 추정돼 보호가치가 매우 높다"며 앞으로 연구자료로 활용할 계획이라고 하였다. 강릉시는 국내 최고령 우리나라의 꽃 무궁화나무를 널리 홍보하여 관광자원으로 활용하고 2세를 배양하는데 지원을 아끼지 말아야겠다.

사천 무궁화나무

59 강릉의 팔 명당

강릉은 백두대간 대관령을 중심으로 남쪽은 능정봉 북쪽은 대궁산성을 정점으로 동해바다로 뻗어 내린 작은 산맥이 몇 갈래 있다. 이 낙맥을 따라 좌청룡 우백호가 감싸 안은 곳이거나 낙맥이 맺혀진 곳, 즉 명당이라는 좋은 터에 집을 지었다.

그리고 강릉에서 집터를 잡을 때 바라보는 산(안산)은 대부분 모산봉, 망덕봉, 남산, 월대산, 칠봉산, 등이었다.

그러면 강릉의 좋은 집터 여덟 곳을 살펴보자.

1. 강릉시 용강동 58-1 임영관 터

대궁산성의 낙맥으로 서켠 뒷등에는 강릉 대성황당이 자리 잡고 있는 명당 터다.

그리고 고려시대 부터 강릉을 관리하던 관아와 객사가 있던 곳이다.

객사란 고려와 조선시대에 각 고을에 두었던 관사를 말한다. 조선시대에는 정전에 국왕의 전패(殿牌)를 모시어 두고 초하루와 보름에 향궐망배(向闕望拜〉하였으며 왕이 파견한 중앙관리가 오면 여기서 유숙하게 하였다. 이 객사는 고려 태조19년(936) 본부객사로 총 83칸의 건물을 창건하고 임영관(臨瀛館)이라 하였으며 공민왕 15년(1366) 왕이 낙산사로 행차 도중 현액을 친필로 썼다고 전한다.

그후 수차 중수〈 重修 〉되어 오다가 1929년 일제〈 日帝 〉시 강릉공립보통학교(후에 강릉국민학교가 됨) 시설로 이용되었고 동교〈 同校 〉가 헐린 뒤에는 공지〈 空地 〉로 남게 되었다. 1967년 12월 여기에 강릉경찰서 청사가 세워지게 되었으며 객사문만이 남게 되었다.

남산의 오성정(五星亭), 남대천의 월화정(月花亭), 경포의 방해정(放海亭) 등은 객사의 일부이었던 것을 옮긴 것이라 한다.

2. 강릉시 교동 233번지[명륜로 29] 강릉향교 터

강릉 화부산자락의 명당터로 신라 김유신장군이 여진족의 침략을 막기 위해 군사들과 유진 하였던 곳이라고 한다.

강릉향교(강원도 유형문화재 제99)는 옛 성현께 제사를 드리고 학문을 갈고 닦는 곳으로 성균관을 제외한 지방 향교로는 규모가 가장 크다. 1313년(고려 충선왕 5) 강릉 존무사(江陵 存撫使; 종2품, 지금의 도지사)였던 김승인(金承印)이 세웠다. 1411년(태종 11)에 불에 타 2년 뒤 강릉 도호부(江陵都護府) 판관(判官; 종5품) 이맹상(李孟常)의 건의로 다시 세웠고 몇 차례에 걸쳐 수리를 하였다. 제사를 지내는 공간의 중심 건물인 대성전은 1411년(태종 11)에 불타버린 것을 1413년 강릉대도판관(大都判官) 이맹상(李孟常)이 강릉의 유지 68명과 함께 발의하여 중건하였으며, 그 후 여러 차례에 걸쳐서 중수하였다. 1909년에는 강릉향교 안의 명륜당(明倫堂)에 화산학교(花山學校)를 건립하였으며 1910년에 폐교되었다. 1919년에는 수선강습소(首善講習所)를 설립하였다. 또한 1928년에 강릉농업공립학교, 그 후 강릉공립상업학교 · 강릉공립여학교 · 옥천(玉川)국민학교 · 명륜 중고등학교 등이 명륜당에서 개교하였다.

강릉향교는 교육 기능과 제사 기능을 함께 하기 위하여 문묘와 명륜당을 두고 있다.

3. 강릉시 구정면 학산리 굴산사지(堀山寺址) 터

이곳은 능경봉과 제왕산을 낙맥으로 칠봉산과 칠성산을 따라 자리 잡은 옛 강릉(명주)의 행정 중심지였던 큰 명당 터다.

신라 김주원(명주군왕)의 명주도독 치소(궁궐)가 있던 곳으로 전해져오는 명당이다.

당나라에서 참선 공부를 하고 847년(신라 문성왕 9)에 귀국한 범일(梵日)이 851년에 창건한 절이라고 알려져 있으나, 이 해에 명주도독(溟州都督) 김공(金公)이 범일에게 굴산사에 머물도록 요청한 것으로 보아 그 전에 건축물이 있었으리라 여겨진다.

범일은 왕경(王京)의 귀족으로서 15세에 출가하여 831년(흥덕왕 6년)에 왕자 김의종(金義琮)과 함께 당나라로 갔다. 범일의 법맥은 개청(開淸) · 행적(行寂) 등에게 이어져, 이른바 신라 선문구산(禪門九山) 중의 굴산사파를 형성하였다. 폐사된 연대는 확실치 않으나 성터에서 출토되는 기와나 청자 조각으로 보아 고려 중기까지는 존

속했던 것으로 판단된다. 이 일대는 일찍이 농경지로 변하여 절의 위치나 가람배치 등에 대해 정확히 알 수 없었는데, 1949년(己丑年)의 대홍수로 경작지에 묻혀 있는 초석(礎石)이 노출됨으로써 절의 규모가 비로소 확인되었다.

1983년의 발굴조사에서 '五臺山' 이 새겨진 기와조각이 나옴으로써, 굴산사는 오대산 성지(聖地)의 권역(圈域)에 속함을 확인하였고, 이러한 사실은 범일의 문인(門人) 신의(信義)가 오대산 월정사에 살았다는 ≪삼국유사≫의 기록을 보아도 알 수 있다. 또 출토된 명문기와의 '屈山寺' 와는 달리 문헌에서는 '掘山寺 · 堀山寺 · 崛山寺' 등으로 표기되어 있는데, '굴산' 은 곧 사굴산(闍屈山)의 약칭이다.

현재 이 절에 남아 있는 석조유물로는 범일국사의 부도라고 전해지는 굴산사지부도(보물 제85호)와 우리 나라에서 가장 큰 당간지주인 굴산사지당간지주(보물 제86호)가 있다. 이 밖에도 4구(軀)의 석조(石造) 비로자나불좌상이 있다.

하나는 높이 1.5m로 당간지주에서 동남쪽으로 조금 떨어진 곳에 얼굴과 오른팔 일부가 떨어져 나간 것으로서 보호각 안에 있다. 두 · 세번째 것은 당간지주에서 서북쪽으로 100m 떨어진 암자(현재의 굴산사)에 마멸이 심한 채로 모셔져 있는데, 본존(本尊)은 높이가 1m가 채 안 된다. 나머지 하나는 석천(石泉)이라 불리는 마을 우물가의 8각 중대석 위에 올려져 있는데, 목과 얼굴이 결실되었다.

마을 북쪽 소나무 숲에는 '학바위' 가 있는데, 위의 석천과 함께 범일의 탄생 전설에 등장하는 곳이다. 즉 이 마을 처녀가 석천에서 해가 떠 있는 물을 마시고 잉태하여 아기를 낳자 학바위에 버렸는데, 그 뒤 학들이 날개로 아기를 감싸고 키우는 것을 보고 집으로 데려와 기른 아이가 바로 범일이라는 이야기이다. 이렇듯 범일은 강릉지역 민간신앙의 대상이 되어, 강릉단오제 때 모시는 대관령국사성황당신(大關嶺國師城隍堂神)이 곧 범일국사라고 알려져 있다.

4. 강릉시 운정동 431 선교장 터

이곳은 태장봉의 낙맥으로 족제비가 알려준 하늘이 내린 명당 터라고 한다.

국가 민속 문화재 제5호이며, 이 집은 집터가 경포호 안쪽에 있어 배를 받친 다리를 놓아 드나들었다고 하여 선교장이라고 하는데, 전주이씨 이내번(李乃蕃)이 지었다고 한다. 사랑채인 열화당(悅話堂)은 1815년(순조 15)에 오은처사 이후(李厚)가 건립하였고, 정자인 활래정(活來亭)은 1816년(순조 16)에 이근우(李根宇)가 중건하였다고 한다.

5. 강릉시 죽헌동 24 오죽헌 터

보물 제165호이며 율곡(栗谷)이이(李珥, 1536~1584)가 태어난 몽룡실(夢龍室)이 있는 별당 건물로, 우리나라 주택 중에서 가장 오래된 것 중의 하나이다. 검은 대나무가 집 주변을 둘러싸고 있어서 '오죽헌(烏竹軒)' 이라는 이름이 붙여졌다고 한다.

건립 연대는 명확하지 않지만 단종 때 병조참판과 대사헌을 지낸 최응현(崔應賢, 1428~1507) 고택이라고 불리는 점으로 미루어, 적어도 15세기 후반에 지어졌을 것으로 추정되는 명당 터이다.

이곳은 대궁산성에서 강릉의 북쪽을 따라 태장봉으로 이어져 내려오는 낙맥으로 율곡 이이가 탄생한 명당 터이다.

조선 전기의 결혼제도는 서류부가혼(壻留婦家婚)으로 남자가 결혼을 하면 부인의 집이나 그 근처에 살고 처가의 재산을 물려받는 풍습이 일반적이었다. 따라서 최응현의 집은 그의 사위이자 신사임당의 외조부였던 이사온(李思溫)에게 물려지게 되었고, 이사온은 사위 신명화에게 물려주었다. 신명화(申命和)는 딸만 다섯 있었는데 둘째 딸인 사임당은 덕수이씨 집안의 이원수와 결혼을 하였고 넷째 딸은 안동권씨 집안(권화)과 결혼을 하였다. 이사온의 집을 물려받은 신명화의 부인 용인이씨는 외손인 이이와 권처균(權處均)에게 재산을 나누어 주었는데, 이율곡은 서울의 집과 전답을 권처균에게는 묘지를 관리하는 조건으로 오죽헌이 분재되었다.

이때부터 이 고택의 소유권은 안동권씨 집안의 후손들에게 물려졌고 권처균은 호를 오죽헌이라 하였다.

6. 강릉시 초당동 475-3 연화 부수형 터

이곳은 화부산의 낙맥이 경포호수 동쪽 초당에 내려와 자리 잡은 명당 터다.

조선말 강릉김씨(영래님)가 살았는데 현남면 인구 댓골에 살던 정씨(만철님)가 이 터를 구입 1900년경에 현재의 집을 지어 그 이후 댓골집이라 불렀다. 한때 이광로가 구입 이광로 가옥이라고도 하였다. 이 가옥은 蓮花浮水形 터로 강릉의 팔명당 터로 유명하다.

허난설헌의 생가와는 무관한 것으로 알고 있다. 허난설헌 자매의 생가는 사천의 외가 애일당이거나 허엽의 집터(경포고 동쪽 언덕)를 생가 터로 보아야 할 것이다.

7. 강릉시 남문동 경방댁 터

강릉 단오제 때 신으로 모시는 대관령 국사 여 성황당신(정씨처녀)의 친정집 터다.

이곳은 대궁산성의 정기가 남대천변을 타고 내려온 낙맥의 명당 터로 강릉에서 서울로 가는 대관령 아흔아홉 구비의 첫 번째 고개 마루로 경방 서낭목(회화나무)이 있으며, 이곳을 경방(정방)이라고 한다.

강릉의 최부자(최준집 회장님) 경방댁이 이곳에 터를 잡고 있다.

8. 강릉시 노암동 노암장 터

명주군왕의 어머니 연화부인의 친정집 터로 알려진 멍당 디이다.

별연사지로 알려져 있으며, 본 고택의 장손 되시는 김익남씨도 옛날 절이 있던 곳이라 하였으며, 지대가 높은 곳에 위치하였는데도 우물에 물이 마르지 않는다고 하였다.

연화봉 아래 남향으로 자리 잡은 웅장한 고택이 그 위용을 드러내고 있다. 한때 홍국영이 이곳에 머물렀다고도 한다.

모산봉의 기운이 진재의 낙맥을 따라 내려온 노가니골의 명당 터다.

이 집은 강릉김씨 옥가파 김진한님이 1900년 초에 지었다고 하며, 현재 장 손자 되시는 분이 살고 있다.

객사문

60 제18 포병 1(알파)포 대대

제18포병대대는 우리 국군 최초의 포병부대로 6.25전쟁 당시 강릉지역을 사수하고 있던 육군 제8사단의 지원을 맡고 있었으며 밀려드는 북한군 제5사단을 맞아 철수 명령에도 굴하지 않고 현재 사천초교 자리에서 군번을 땅에 묻은 채 직접 조준 사격과 백병전을 치른 결과 적군 200명 이상을 사살하는 전과를 올렸다. 당시 (알파)포 1대대는 이남구 대위의 지휘 아래 3중대는 대대본부에서 1중대는 석교리에서, 2중대는 사천초교 운동장에서 포를 방열하고 싸웠다고 한다. "개전 초에 포병대대는 강릉 북방의 연곡천 주저항선에서 무려 27시간 동안 방어선을 유지했다. 그러나 사단장의 명령에 따라 (부라보)포 2대대는 전포대장 정재남 중위의 인솔 하에 오죽헌 쪽으로 진지를 변환했다. 하지만 (알파)포 1대대 요원들은 철수 지시를 거부한 채 인식표를 땅에 묻고 죽음을 각오했다. 이후 (알파)포 1대대 요원들은 포진지에 들이닥친 인민군들과 치열한 백병전도 치렀다. 소총, 야전 삽, 야전 곡괭이, 돌멩이 등 닥치는 대로 손에 잡고 인민군과 맞붙어 싸웠다. 인민군을 간신히 격멸했지만 피해도 컸다.

"두부에 파편상을 입어 얼굴이 피투성이가 되면서도 앞으로 나아가며 육박전을 벌인 김용운 소위가 생각난다. 27시간 동안 연곡천 방어선을 유지함으로써, 사단 병력에게는 피해 없이 대관령에 집결할 수 있는 여유와 전투력을 보존해 경북 영천 지구 전투에서 전력(戰力)을 발휘할 수 있는 계기를 마련했고, 강릉 지역 주민들에게도 충분한 피란 시간을 제공해줬다."고 장경석 장군이 전하고 있다.

그로부터 20년의 세월이 흘러간 1970년 3월 1일 사천 초등학교로 부임한 김유진 교장이 이 사실을 알고 면 유지 염재근씨(명주군 사천면 미노리)를 비롯한 관내 기관장들의 협조 아래 무명용사 3위의 묘를 복원하고 호국 영현으로 모시고 추모하였다.

다시 10년이 지난 1980년 3월에는 포병 출신인 사천면 예비군 중대장 장천[張天]씨가 수소문 한 끝에 그 3위의 영령 신원이 최종서, 한명화, 심우택임을 밝혀냈다. 내용을 알게 된 18포병대대 전우회와 사천면 유지들은 사천 초등학교 뒷산에 묘비를 세우고 매년 현충일에 참배 행사를 개최하고 있다.

이 전공(戰功)을 기리기 위해 1991년 12월 11일, 당시 전적지였던 강릉시 사천면 덕실리에 강릉지구포병전공비가 건립됐다.

비문에는 1포병대대의 빛나는 전공으로 말미암아 기동부대가 무사히 대관령으로 철수해 전열을 가다듬어 향후 작전은 물론 낙동강 방어선 구축에 기여했다고 적혀 있다.

이 때의 전투로 우리 국군은 북한군에게 치명타를 안겼음은 물론, 6월 27일까지 삼척을 점령하려던 북한군의 1단계 작전기도를 좌절

시켰으며, 나아가 8월 15일까지 남한 전체를 공산화하려는 적의 전략을 대폭 수정케 하였다. 아울러 아군에게 기동부대 철수 및 차후 작전 준비시간을 가질 수 있도록 하였으며, 훗날 국군의 반격작전의 기회를 마련케 할 수 있었다.

이 당시 전투로 故 최서종 중사, 故 한명화 하사, 故 심우택 일병이 전사하여 사천면 주민들이 사천초교 뒷산에 가매장하였다가, 1975년 6월 강릉시와 명주군 지역의 기관장들이 무명용사 묘를 만들고 현충일 날 추모제를 가져왔다. 이후 1980년 6월 제18포병전우회 회원들이 삼용사 묘를 증축하고 묘비와 제단을 건립하여 추모행사를 실시하여 오던 중, 1991년 11월 현재 자리(덕실리)에 '강릉지구 포병전공비'를 건립하고 매년 추모행사를 개최하여 오고 있다.

이처럼 6.25 전쟁 당시 특히 강원도 출신 병사들은 나라를 위해 목숨을 걸고 북한군과 혈전을 벌였다고 전해지고 있다.

때문에 동부전선은 금강산을 코앞에 두고 화진포까지 점령할 수 있었다고 한다. 이러한 영향 때문인지 강릉지역에서는 국방에 대한 사명감이 투철한 군인 권태순(6.25 때 횡성전투에서 전사) 및 김진위, 최영규, 최우근, 이범준, 신재승, 최돈걸, 전영진, 김문기, 김병주, 심용식등 장군들이 많이 배출되고 있다.

18포병부대 전적비

61 김백일 장군과 백일교

백일교는 6.25전쟁 당시 38선을 처음으로 돌파하는 신화를 창조하고, 불의의 헬기 사고(1951년 3월 발왕산)로 34세라는 젊은 나이에 순직한 金白一 장군을 추모하기 위해 1956년에 강릉시 연곡면 동덕리 연곡천에 건립된 교량이다.

김백일 장군은 6.25전쟁 당시 1군단장으로 안강 동부지역 방어전투에서 북한군을 저지 격퇴하여 반격작전의 전기를 마련하는데 결정적인 역할을 했으며, 38선을 넘어 풍운과 같이 몰아 멀리 혜산진까지 진격하였다가 중공군 개입으로 흥남철수작전 때에는 미군 지휘관에게 "민간인을 배에 태우지 않으면 1군단 병력은 육로로 철수하여 중공군을 무찌르면서 철수하겠다."고 강력히 주장하여 피난민 10만여 명을 후송하는 큰 공적을 남긴 6.25전쟁의 영웅이다.

김백일 장군을 소개하면 다음과 같다.

"김백일 장군은 절대로 독립군과 싸우지 않았고 오히려 46만 조선족을 보호하기 위해 마적 등이 침략해오면 즉각적으로 맞서 싸웠다."

김백일 장군과 중학교 같은 시절 공부했던 김광옥 해군제독(예비역 해군 중장)이 기자와의 전화 인터뷰에서 밝힌 내용의 첫 마디다.

거제도 포로수용소 공원 내 건립된 '김백일 장군 동상'에 대해 김백일 장군이 친일파라는 이유를 들먹이며 철거를 요구하는 세력들의 주장에 반박한 말이다.

만주 용정에서 중학교를 다녔던 김광옥 예비역 해군제독이 '간도특설대'와 '김백일 장군'에 대해 밝힌 내용은 이러하다.

"당시 만주지역에는 일본, 조선, 중국, 몽고, 만주족 등 5개 소수민족들이 있었는데 이들이 합쳐져 만주국이 만들어졌다.

이들 소수민족들은 자신들의 거주지구 보호를 위해 자치부대를 만들었는데 간도특설대는 1938년 말, 간도 조선인 치안유지 및 불순세력 퇴치를 위해 만들어 졌다. 몽고인들도 몽고인 자체 부대를 만들었다.

만주국에서의 간도특설부대는 이름만 부대였지 초기에는 총검술과 사격훈련을 위주로 하다가 43년부터 남만주에 팔로군이 출현해 이들을 퇴치하는 활동을 했다. 나도 중학교 2.3.4학년 때는 학교주관으로 한번 씩 학생들과 함께 간도특설부대에 가서 제식훈련 및 총검술 훈련을 받은 적이 있다.

그때 간도특설대에는 일본인 고급장교 1명과 대위 1명이 부대를 통제하고 있었고, 부대원 대부분이 조선인이었으며 똑똑한 사람들이 지원을 많이 했다.

그 지역에 있는 소수민족들이 간도 특설대를 싫어하고 질투를 많이 했는데 그중에서도 중국 사람들은 더 심했다. 그 이유는 당시 소수민족끼리 만든 군대가 서로 총검술과 사격 시합을 했는데, 항상 간도특설대원들이 1등을 했다.

특히 북조선 지역에는 조선인 지식층들이 활동을 많이 하고 있었다.

1932년 이후에는 만주국의 치안유지가 잘 되었기 때문에 당시 만주국에서는 일만 잘하면 많은 사람에게 훈장과 표창을 줬다.

우리군대도 일을 잘하면 표창을 주듯이 그것은 일을 잘하도록 하기위한 동기유발 방법이었다.

김백일 장군은 소대장과 중대장시절 부하들을 무척 아꼈다.

추운 겨울날 부하들이 장갑이 없어 고생하면 개인 사비를 털어 부하들 장갑을 사주어서 부하들한테는 욕심이 없는 장교로도 소문나 있었고 당시 부하들은 김백일 장군 같은 분이 우리나라에 3명만 있다면 문제가 없을 것이라는 평을 듣고 있었다.

김 장군의 경우는 할아버지도 민족을 위해 헌신한 유명하신분이다.

그러한 가문에서 태어나 자라고 6·25전쟁에서도 훌륭한 업적을 이룬 장군을 친일파로 매도하는 행위는 매우 잘못된 것이며, 나라를 위해 헌신한 사람을 모독하는 행위다.

친일파라는 말은 일본이 우리나라를 침탈한 시기에 일제에 가담하여 그들의 침략과 약탈정책을 지지하거나 옹호하고 추종한 무리를 친일파로 봐야 하는 것은 그 어느 누구도 반대의 여지는 없을 것이다.

친일행위와 친일파의 분류기준이 모호한 상황에서 적극적으로 친일 행위를 했다거나 한일합방 당시 고위 관직자로 있으면서 일제의 합방정책에 도움을 준 인사라면 친일파라 해도 되겠지만 징병과 창씨개명 등과 같이 당시 절대 다수 국민이 겪어야 했던 생존을 위해 소극적으로 협력한 정도까지 친일파로 몰아세우는 것은 국민을 이간질하고 분열 시키는 행위로 봐야 할 것이다.

특히, 김백일 장군의 가문을 보더라도 김백일 장군 조부가 건국훈장을 받은 독립운동가 였다는 사실도 간과해서는 안 될 것이다.

김백일 장군을 찬일파라고 규정한 친일인명사전을 펴낸 민족문제연구소는 좌편향 인사들과 좌익사건 연루자들이 주도하는 단체이다.

이 연구소의 김승교 고문변호사는 대표적 친북 좌파단체인 남북공동 선언실천연대(이하 실천연대)의 상임대표이며, 또한 이 연구소의 활동을 주도해온 3대 소장 임헌영(본명 임준열)은 김일성에게 조직의 결성을 알리는 편지 초안을 작성한 인물임을 주시해야 한다.

이러한 편향된 시각의 연구진들로 작성된 친일 인명사전은 신뢰성이 없는 자료에 불과하다 할 것이다."

이상과 같은 김광옥 제독의 말과 함께 우리는 누란의 위기에서 대한민국을 구한 김백일장군 그리고 백선엽장군을 친일파 논쟁으로 폄훼하며 동상을 훼손하고 철거준동에 입을 맞추며 국가유공자 묘역(현충원)에 모시지 못하게 하는 행위가 다시 이어져서는 안 된다고 생각한다.

6·25전쟁 때 북한군과 맞서 싸운 훌륭한 장군들을 친일파로 몰아세우는 것은 이분들 때문에 적화통일을 이루지 못한 좌파들의 한풀이로 보인다.

국론분열!

어디서 많이 본 듯한 낱말이 아닌가?

나라가 망하면 그 나라의 여인들이 제일 먼저 비참한 상황에 빠진다.

1636년 병자호란 때 인조의 "삼궤구고두"의 항복후 조선의 여인들은 청나라에 60여만 명이 포로로 잡혀갔다고 한다.

일본에게 나라를 빼앗겼을 때도 왜놈들에게 처녀들 20여만 명이 정신대로 수도 없는 젊은 청년들은 강제로 징용되어 일본군이거나 노동자로 끌려갔다고 한다. 그 당시 인구를 감안 하면 젊은 청년과 여인네들은 거의 씨가 마를 정도로 끌려갔다고 할 수 있다.

끌려가서 어떤 일을 당했을지는 말할 필요가 없을 것이다.

국난을 당하면 청년과 여인들이 제일 먼저 비참한 노예 상태로 빠진다. 바로 이 청년들과 여인들이 당신의 아들과 딸일 수도 있다.

13살부터 17살 정도의 세계 최고 미녀들이 우크라이나의 도시 실거리에 널려 있단다. 하루 세끼 끼니를 해결하기 위해서란다.

잠을 재워주고 세 끼 밥만 먹여주면 청소와 빨래는 물론이고 잠자리 시중도 기꺼이 들어 준다고 한다.

1960년대 경제사정이 어려울 때 우리나라도 독일 광부로 간호사로 그리고 월남전 파병과 사우디와 리비아의 노동자로 나갔으며, 끼니 해결이 어려운 처녀들은 청량리와 미아리등 매춘시장으로 방황하였다.

그때 우크라이나의 국민소득은 우리의 8배로 잘살던 나라였다.

그런 우크라이나가 내전 상태에 빠진지 3년 만에 배고픈 여자들이 길거리로 나서지 않으면 안 되는 딱한 신세가 된 것이다.

그런데 우리 대한민국은 1970년대 박정희 대통령의 새마을운동과 경제건설 효과로 우리 국민의 삶의 질은 높아지고, 국민소득은 고속성장을 하고, 온 대한민국 국민이 희망찬 미래에 대한 기대감으로 활기가 넘쳤다.

그런데 2020년 지금 왜 이럴까?

나훈아 가수가 툭 던진 노랫말 "테스형 세상이 왜 이래………"

백일교

62 청학동 소금강

국내 명승 제1호 "명주 청학동 소금강"의 지명 유래와 변천과정을 관련 고지도, 지리지 및 고문헌을 통해 살펴보면 다음과 같다.

지리지에 의한 “소금강”이란 지명은 17세기 중반의 『여지도서』에서 처음 등장한 이래, 20세기 초반 발간된 『증수임영지』에서 재현되고 있으나 고지도에서는 청학동, 청학산, 청학사 등의 지명 이외에 소금강이란 지명은 발견되지 않는다. “청학산”이란 지명이 최초로 발견되는 문헌은 『신증동국여지승람』이지만, 지명으로서의 최초 기록은 율곡의 「유청학산기」로 이 기록에는 “소금강”이란 지명은 찾아볼 수 없고 단지 “청학산”이란 지명만 확인될 뿐이다. 이후 이순인의 『고담일고』, 허균의 송별기, 허목의 「청학동구룡연기」, 윤순거의 「파동일기」 그리고 이원조의 서간(書簡) 등을 볼 때 약 3세기 이상 이곳은 “청학산” 또는 “청학동”이란 지명으로 불려온 것으로 보인다. 반면에 “소금강”이란 지명이 확인되는 최초 기록은 18세기 중반 작(作)인 강재항의 시에 있다. 또한 금강사 앞 이능암(二能巖)에 새겨진 "小金剛"이란 바위글씨의 주체는 크기, 서법, 전체적인 배치구도와 마모 정도 그리고 지리지의 기록 등을 고려할 때 1870년 또는 1930년에서야 동일한 주체인 이능계원(二能契員)에 의해 새겨진 것으로 보임에 따라 이곳 지명 유래의 탄탄한 근거였던 "小金剛" 바위글씨를 율곡의 글씨로 단정할 만한 근거는 없다. 이상의 결과를 종합할 때, 율곡의 「유청학산기」 이후 이곳은 줄곧 "청학산 청학동"으로 불려왔으며 "소금강"이란 지명은 18세기 중반 이후 『입재선생유고』중 「오언고시조」와 『여지도서』를 시작으로 「동유일기」 등 유람기 등에서도 발견되는 것으로 보아 조선후기 소금강이란 이칭(異稱)이 일반화되면서 혼용되었음을 추론할 수 있다.

요컨대 기존 명승 제1호 지명에 큰 오류가 있다고 보기는 곤란하지만 율곡의 유람과 관련된 명소로서의 장소성을 부각시키는 측면에서는 "청학동 소금강"보다는 "청학산 청학동"이란 지명이 보다 합당한 지명인 것으로 판단된다. 그리고 1664년 윤선거 일행이 현식당암에 각자한 "青鶴山, 鏡潭"의 지명 바위글씨는 고전적 유람텍스트로서의 「유청학산기」의 영향력을 살필 수 있는 증표이자 기호학파 선비들의 율곡에 대한 숭모와 추념의식이 고스란히 담긴 표식으로 보존할 가치가 있다.

금강산을 닮은 절경의 30리계곡을 소금강이라 부르고 있는데,

명승 제1호로 지정된 청학동 소금강은 오대산 국립공원의 동쪽 일부를 따로 부르는 지명이다. 그만큼 풍광이 뛰어나다는 것이다.

황병산을 주봉으로 우측의 노인봉과 매봉이 마치 학이 날개를 펴

는 듯한 형상의 산세를 이루며 만들어낸 수많은 폭포와 담, 소, 기암괴석이 소금강을 이룬다. 십자소, 금강사, 구룡폭, 만물상 등 금강산을 방불케 하는 경승지가 빽빽이 들어차 있어 잠시도 한 눈을 팔지 못하게 한다.

이곳 지명은 청학동이지만 율곡선생이 입산수학할 당시 산수의 풍광이 너무나도 금강산과 닮았다해서 소금강이라 불렀다한다.

소금강의 절경은 무릉계에서부터 시작된다.

무릉계에서 400m 더 올라가면 왼쪽으로 청학산장 입구가 보인다. 여기서 맞은 편으로 보이는 귀새바위 쇠암 등 기암괴석을 지나 가파른 벼랑길을 약 1백m쯤 올라가 절벽 아래를 내려다보면 수십길의 물속에 주변의 계곡을 온통 삼킬 만한 소가 보인다.

이 소를 감싸고 있는 절벽이 깎아 세운 듯 "十"자 모양으로 돼 있어 "십자소"라 부른다.

십자소에서 다시 300m쯤 올라가면 연화담. 옛날 일곱선녀가 내려와 목욕을 하고 올라갔다는 전설을 지닌 이 연못은 연꽃 형상을 하고 있다.

연화담의 반대편쪽에 입구가 있는 금강사는 1967년에 건립된 사찰로 본래는 청학사라는 절터였다. 절 앞 능암에 율곡선생의 친필로 쓰여진 "小金剛"이란 석자가 지금도 남아있다.

금강사에서 1백m 올라가 쇠다리를 건너면 눈앞에 유명한 식당암이 펼쳐진다. 식당암은 신선이 피리를 불며 구름을 타고 넘었다는 적운봉 아래에 있으며 반석 밑에는 담소가 흐른다. 옛날에 천여 명의 군사가 점심을 먹었다는 이곳을 율곡선생은 "제인대"라 이름 지었으나 요즘은 "식당암"이라 불린다.

식당암에서 바위계곡을 끼고 돌아가면 마치 계곡을 내려 덮을 듯한 "삼선암"이 우뚝 솟아 위용과 수려함을 자랑한다. 세 봉우리가 모두 선녀들의 옷깃처럼 곱다하여 삼선암이라 부르고 바위틈에 뿌리를 내린 소나무들이 재롱 피우듯 매달려 있다.

삼선암을 지나면 세심폭포와 구룡폭포가 한 눈에 들어오는 청심대에 닿는다. 세심과 청심이라 명명된 폭포 위의 절벽에서 계곡을 내려볼 때 마음이 맑지 못하면 밑을 볼 수 없지만, 세심폭포의 물을 마시면 마음이 깨끗해진대서 연유된 청심대는 만물상 계곡과 구룡계곡의 갈림길에 자리한다.

왼편으로 꺾어들면 구룡폭포. 금강산의 구룡연과 흡사한 폭포는 기암절벽에 붙어 얽히고 설킨 수림사이로 비단 필을 드리운 듯 눈부시다. 구룡폭의 위쪽 길을 따라가면 아미산성으로 이어진다.

구룡폭포에서 1km정도 위로 조금 더 발길을 옮길 필요가 있다.

이곳에는 눈웃음을 보내는 듯한 노인의 모습을 하고 있는 괴면암, 향로모양의 향로암, 둥그런 구멍이 뚫려 그곳을 통해 해와 달을 볼 수 있다는 일월암 등 이 모든 것을 총칭해서 만물상이라 한다. 작은 금강산이다.

이곳 소금강은 강릉사람들의 휴시공간이며 관광명소이다.

63 강릉의 四字成語

襄杆之風 通高之雪 또는 襄江之風 通高之雪이란 말과 生居地 母鶴山 死居地 城山也라는 말이 강릉에 전해오고 있는데, 襄杆之風 通高之雪이라는 기록은 1633년 이식의 "수성지"와 택리지에도 있으며, 이것은 매년 4월 한식과 곡우 무렵 영동지역에 발생하는 국지성 강풍이 양양군과 간성군 사이가 가장 심하다고 하여 생긴 말이다. 그런데 양양군과 강릉사이에서도 이처럼 강풍이 불고 있어 襄江之風이라고도 한다.

또한 속초시는 한때 양양군이었고, 고성군은 한때 간성군이었다. 학사평(鶴死坪)은 바람에 학이 날아가다가 떨어져죽는다는 곳이다. 그리고 바람이 강하게 불 때는 돌멩이 같은 굵은 모래알갱이가 날아왔다. 襄杆之風이라는 말이 어색하지 않다.

이와 같은 강한 바람은 봄철 남고북저의 기압배치 상황에서 서풍의 기류가 형성될 때 발생되는 팬(Foehn Wind)현상으로 발생되는 강풍으로 대형 산불의 원인이 된다.

이는 조선왕조실록과 승정원일기에도 기록되어있다.

그리고 通高之雪이라는 말은 통천과 고성(간성군)에는 겨울에 눈이 많이 온다는 말인데 얼마나 많이 오는가하면 태평양의 북동기류에 의해 며칠 동안 계속 쏟아지며, 적설양은 지붕의 추녀 끝에 닿도록 내렸다. 강릉도 이처럼 눈이 많이 내려 왕산사람들이 강릉 장을 보러왔다가 눈에 묻혀 5-6일 동안 성산에서 머물렀다고 한다.

生居地 母鶴山 死居地 城山也라는 말을 살펴보자.

이 말은 농경사회 때 강릉에서 살기 좋은 곳이 학산과 모산 이라는 말이다.

그리고 성산과 금산은 남대천의 하천부지로 농사를 지을 수 없는 척박한 땅이어서 금산의 임경당 김열은 소나무를 가꾸어 율곡선생으로 부터 칭송을 받았으며, 산이 많아 묘지를 쓰기에 적절한 곳이 많았다는 것이다.

공제 버덩은 조선 명종 때 김첨겸 강릉부사가 제방공사로 만들어진 땅이라고 한다.

그렇다면 신라, 고려, 조선전기에 강릉의 도읍지는 어디였겠는가?

당연히 모학산과 어단리가 중심 축이였다.

때문에 명주군왕이 강릉을 다스릴 때 왕궁(치소)이 어디였겠는가?

이 또한 지금도 전해오는 학산의 장안리 즉 왕현(학산)이 왕궁의 터였고, 이 터에 훗날 범일국사가 굴산사를 창건하였으며, 왕고개는 왕현(학산)으로 넘나드는 고개 이름이지 공양왕이 한번 넘어갔다고 붙여진 고개라는 설은 납득하기 어렵다.

그리고 강릉이 읍으로 승격 될 때 남대천의 남쪽 성덕면(모학산

포함)이 강릉의 모태였다는 사실로 보아 生居地 母鶴山이라는 말은 근거 없이 전해져오는 말이 아니며, 강릉의 옛 지형을 설명하고 있다는 것이다.

모정의 탑

천년 솔향의

토박이 소리

인쇄일 : 2021년 3월 2일
발행일 : 2021년 3월 5일

지 은 이 : 김동철
전화 010-5373-1919 / 이메일 kim_dch@hanmail.net
펴 낸 이 : 김동철
편집디자인 : 박민경

펴낸곳 : 성원인쇄문화사
주 소 : 강원도 강릉시 성덕포남로 188
대표전화 (033)652-6375 / 팩스 (033)652-1228
이메일 : 6526375@naver.com
I S B N 978-89-94907-00-0

정 가 : 15,000원